Transforma tu crianza

"Los únicos (correos electrónicos) que leo."

"Me encantan tus correos electrónicos. Tengo que ser honesto, son los únicos que leo de los MUCHOS correos electrónicos de alguna manera me he suscrito." –M.

"Necesitaba escuchar eso.

"Gracias. Necesitaba escuchar eso ." –B.

"Ya hemos visto un cambio positivo."

"Los consejos son prácticos e implementables de inmediato. Ya hemos visto un cambio positivo en nuestras chicas (4 y 2) ." –M.P.

"Revelador."

"Esto fue tan revelador para mí." –R.

Obtiene información en la que puedas actuar. Únete a miles de personas que se han registrado para mi boletín de noticias gratuito:

www.zerotofive.net/sign-up

Las solicitudes de permiso deben dirigirse :

Pear Press
P.O. Box 70525
Seattle, WA 98127-0525
U.S.A.

Este libro se puede comprar para uso promocional educativo, comercial o de ventas.
Para obtener información, visite www.pearpress.com o www.zerotofive.net.

PRIMERA EDICIÓN

Library of Congress Cataloging-in-Publication solicitado

ISBN: 978-1-7323803-0-1

Diseñado por Nick Johnson/Cima Creative

Foto de portada de Betty Udesen

Impreso en EE. UU.

10 9 8 7 6 5 4 3 2 1

CERO *a* CINCO

70 Consejos Esenciales para Padres Basados en la Ciencia

(y lo que he aprendido hasta ahora)

TRACY CUTCHLOW

CONTENTS

Preparar

Paz y tranquilidad, por favor (para comenzar) 7
Fortalece tus amistades 8
¿Comer para dos? No exactamente 10
Has ejercicio treinta minutos al día 12
Canta o lee a tu vientre 14
Estresarte menos 16
Comparte las tareas por igual 18
Si estás sufriendo, obtiene ayuda 22
Prevé el conflicto como pareja 26
Ten en cuenta que no puedes realmente estar preparado 28
Imaginate al bebé ya grande 30

Amar

Prepárate para asombrarte 34
Cree un sentimiento de seguridad 36
Consuela al recién nacido con lo que es familiar 38
Acurrucarse con el bebé 40
Estar en sincronía 42
Sonrie, abraza, anima 44
Incluye al bebé 45

Hablar

Habla en voz cantarina 50
Habla un montón con tu bebé 52
Lean juntos 58
Di, "Trabajaste tan duro!" 62
Enseña el lenguaje de señas 68
Planifica citas de juego en un segundo idioma 71

Dormir, comer y orinar

Proteje tu sueño 76
Defiende el sueño del bebé, también 78
Ayuda al bebé a dormir mejor por la noche 80
Da oportunidades al bebé a auto-calmarse 84
Llorando, por un tiempo, está bien 88
Di "Disculpe" para mantener a los niños en la cama 92
Haz la hora de dormir menos loca 94
Relajate sobre la lactancia 96
"Come alimentos. No demasiado. Sobre todo plantas." 98
Deja que el bebé decida cuánto comer 102
Ofrece la oportunidad para ir al baño 104

Jugar

Deja que el bebé toque eso 108
Guarda las cajas 109
Haz música con tu bebé 110
Cuando los niños arrebatan juguetes, espera y verás 113
Juega al autocontrol 116
Que hace una gran sala de juegos 122
Fantasía 124
Cultiva la creatividad 128
Pregunta "¿Por qué?" y "¿Qué pasa si?" 130

Conectar

Pide ayuda 134
Elije la empatía primero 136
Crea más altas que bajas 138
Conoce a tu hijo 140
Realiza reuniones familiares semanales 144
Deja tu teléfono 146
(Casi) no televisión antes de los 2 años 148
Un poco de televisión después de 2 años de edad 150
Haz social el tiempo de pantalla 154
Alienta los errores, las molestias y el aburrimiento 156

Guiar

Sé firme pero cálido 160
Sigue cuatro reglas sobre reglas 166
Emoción primero. Problema segundo 170
Pon nombre a las emociones intensas 172
Di lo que ves 176
Guía en lugar de castigar 180
Planea con anticipación para evitar problemas 194
Se exitosa con tus rutinas 197
Señala un tiempo de calma, no un tiempo-fuera 199
Pregunta, "¿Puedes pensar en una mejor manera?" 202

Mover

Mecer, menear y balancear 206
Sigue moviendote 208

Ir más despacio

Sé tranquila 216
No te molestes en comparar 220
Encuentra tu propio equilibrio trabajo-familia 222
Está mas, haz menos 227

¿Te gustaría tener más calma y confianza?

¿Quién no querría? La mayoría de nosotros, los padres primerizos, apenas hemos pasado tiempo con bebés antes de tener el nuestro. Todo es desconocido en el mejor de los casos; aterrador en el peor. Mi esposo y yo tuvimos nuestro primer bebé de alrededor de 30 años, después de meses de "¿deberíamos o no deberíamos?" Pasamos unos quince minutos alrededor de los recién nacidos antes de ese punto. Al igual que muchas parejas que esperan, nuestra única preparación consistió en clases de educación sobre el nacimiento. Pasé incontables horas investigando pañales, requisitos de vestimenta y equipo. (Como ávidos ciclistas, seleccionamos una bicicleta de equilibrio tan pronto como un columpio para bebés). Estos no fueron de mucha ayuda para criar a un bebé. A diferencia de muchas parejas que esperaban, había editado el libro de desarrollo cerebral infantil *Brain Rules for Baby* (Reglas del Cerebro para el Bebé). ¡Muy útil! Pero eso fue teoría.

La realidad es un shock. La privación del sueño y la total incertidumbre con un recién nacido. La alegría de la exuberancia de tu niño. El calor subiendo en tu cara cuando tu hijo agarra el juguete de un amigo y todos los ojos están puestos en ti. El amor inundando tu corazón cuando tu preescolar acuna tu rostro con ambas manos y te besa. El impacto de la traición cuando te golpea. Los berrinches. El desafío. El agotamiento. El desorden.

La crianza de los hijos es una experiencia increíble, pero es lo más difícil que cualquiera de nosotros hará. Todos necesitamos ayuda para:

- dormir mas
- disfrutar de comidas menos estresantes
- hacer que nuestros hijos nos escuchen
- domesticar rabietas
- calmar a nuestros hijos, y a nosotros mismos
- siento que sabemos lo que estamos haciendo
- crear un hogar pacífico y feliz

Queremos sentir que estamos disfrutando la crianza de los hijos, no solo sobreviviéndola.

Y a medida que el bebé nos sorprende, nos deleita, nos preocupa, nos desconcierta y nos frustra más allá de toda creencia, buscamos respuestas.

Tal vez le preguntemos a amigos. Mamá. La Internet. Pero pronto estamos enterrados en opiniones opuestas ("Lo mejor que he intentado", "No funcionó para mí en absoluto"), artículos vagos para padres y comentarios irrelevantes en los foros.

Reviso los muchos libros de desarrollo del cerebro y de crianza en mi estante. Estudio minuciosamente los estudios, mirando oraciones como "Brevemente, la metodología de trayectoria utiliza todos los puntos de datos de desarrollo disponibles y asigna individuos a las trayectorias basadas en una regla de probabilidad posterior." Todos están llenos de lo que parece, post-bebé, como un gran cantidad de tipo muy pequeño.

Y pienso: sería bueno tener una colección atractivo de buenas prácticas de crianza, que me diga qué hacer, que podría abrir a cualquier página, basado en lo que dice la investigación.

Este es ese libro.

¿Quién soy yo de escribir un libro para padres? No soy neurocientífico ni experto en desarrollo infantil. En cambio, confío en esos expertos, y en mi carrera de quince años como periodista galardonado, para ayudarme a evaluar la investigación científica y convertirla en algo legible para padres cansados. He salpicado de anécdotas de mi propia vida. No porque mi experiencia sea vasta, y no porque sea exactamente como la tuya, sino para conectarte con los momentos divertidos, raros, y difíciles que conforman la crianza de los hijos.

Me he centrado en los primeros cinco años del bebé porque implican una cantidad increíble de cambios. Cuando se trata de movilidad, lenguaje, empatía y habilidades motrices, no se puede distinguir entre un joven de 30 y un de 31. ¿Pero la diferencia entre un niño de 1 año y un niño de 2 años? Notable. Asombrosa. Fascinante. Loca. Más del 90 por ciento del desarrollo cerebral tiene lugar en esos primeros cinco años.

Por lo tanto, estos primeros años importan. Estamos preparando a bebé para el éxito. Y estamos estableciendo nuestras filosofías como padres, lo que nos llevará más allá de los cinco años. Los temas en estas páginas—amar, hablar, jugar, conectar, guiar, mover, desacelerar—son tan importantes a los 2 meses de edad como a los 2 años, 5 años, 15 años e incluso 50 años. Todos somos humanos

Este libro está basado en la investigación. (No proporciono una cita dentro del texto para cada estudio, solo para mantener un flujo amistoso, pero puedes encontrar referencias en la parte posterior.) Al tratar de responder preguntas, los investigadores dan cuenta de todo tipo de variables, y filtran parcialidad tanto como sea posible. La ciencia no es infalible, pero es la mejor guía que tenemos. Eso y nuestra intuición No solo cada niño es diferente, sino que también lo es cada padre. Todas estas son razones por las que puedes seguir un consejo y obtener un resultado diferente, o no seguir un consejo y obtener el mismo resultado. Solo tienes que probar cosas y ver qué funciona para ti y para tu bebé.

La crianza es un proceso de lucha y reparación. Utilice este libro como guía, tanto para comenzar un buen camino como para mantenerte en el camino que elijas. Permítete errores y segundos intentos. Haz una pausa para darte una palmadita en la espalda cuando te sientes orgullosa. Tanto como puedas, relájate.

La verdad es que lo que realmente importa en la crianza de los hijos son las cosas grandes: ser receptivo a las necesidades del bebé, estar realmente presente cuando estás juntos, hablar con un bebé, ser firme pero afectuosa en disciplina, muchos abrazos. . . y sueño.

Sabemos qué tipo de padres queremos ser. Queremos criar niños geniales y, a pesar de todos los desafíos, hacerlo con calma y confianza. Este libro es acerca de cómo.

La mejor de las suertes para todos nosotros.

Tracy

tracy@zerotofive.net
www.zerotofive.net

Preparar

Las mujeres embarazadas tienden a tener una larga lista de cosas que hacer. Pon "masajes semanales" en la lista, y no te preocupes por el resto. Las necesidades del bebé son mínimas: un par de nutrientes clave, cualquier sueño y ejercicio que puedas manejar, y poco estrés. Dedica tu tiempo a cultivar amistades.

Paz y tranquilidad, por favor (para comenzar)

¿Puedes convertir a tu embrión en un genio en la matriz?

No. Durante décadas, los fabricantes de productos han aprovechado de los vulnerables padres-a-ser: dar a luz a un bebé más inteligente, más tranquilo, más atento ¡que ya puede deletrear!

Se inició en 1979 con la Universidad Prenatal, un programa en el que dos veces al día la futura mama pulsaba su vientre de embarazada mientras enseñaba a su feto palabras como "palmar", "sacudir", y "frotar." Luego vino el Pregaphone, que amplificaba su voz en el útero para que pudiera comunicarse con el bebé incluso más temprano. La futura mama colocaba un embudo de plástico en su vientre y hablaba en una boquilla conectada a través de un tubo. Hoy en dia, esta clase de aparatos incluye un cinturón que emite sonidos de latido. La futura mama lo envuelve alrededor de su vientre de embarazada durante dos horas al día para entrenar a su feto a discernir sonidos. Atraidos por la afirmación: "enriquesca a su hijo por nacer en su formación de habilidades cognitivas, empáticas y creativas."

No puedes dejar de preguntarte, "¿Y si realmente funciona?" Guarda tu dinero. Ningun producto comercial que pretende impulsar la inteligencia de un feto en desarrollo ha sido científicamente probado de hacer algo útil.

Las necesidades del bebé son simples

Tal vez el bebé está demasiado ocupado para notar la intromision de productos. En la primera mitad del embarazo, el bebé empieza a crear sus primeras células cerebrales—neuronas—en el rápido loco ritmo de 250.000 por minuto. En la segunda mitad del embarazo, el cerebro comienza a conectar esas neuronas, creando 700 sinapsises por segundo en los primeros años de vida. Todo lo que necesita el bebé en esta etapa es el alimento que proporcionas por comer bien, hacer ejercicio y reducir el estrés.

Fortalece tus amistades

Tendemos a no vivir cerca de nuestras familias. ¿Y quien viene de visita, o por un té, cuando hay mensajes de texto y Facebook?

Somos cada vez mas aislados. Pero el cuidado de un bebé es una cosa que no debes tratar de hacer solo. Padres necesitan el apoyo emocional y practico, y los bebés se benefician de la exposición a un montón de gente. El aislamiento social puede estresarte y tu matrimonio, a su vez creando un entorno perjudicial para el bebé.

Vas a necesitar ayuda. Te toca asegurarte de que lo consigas.

Vas a necesitar amigos para ...

- vincularse cuando sus bébés, preferiblemente de la misma edad, jueguen juntos.
- cuidar al bébé cuando duermas, te haces una pedicura o cualquier otra cosa.
- traer la cena en las primeras semanas, cuando no querrás que las comidas necesiten más que la búsqueda de un tenedor.
- cuidar al bébé para que tú y tu pareja puedan salir de cita periódicamente.
- accompañarte para una noche de chicas o de chicos.

Aparte de tus amigos, familiares y vecinos actuales ¿dónde puedes encontrar a estas personas

Planifica citas con otros futuros padres de tu clase de educación del parto.

Únete a un grupo social para los nuevos padres en meetup.com.

Pregunta por el vecindario. Te pueden sorprender el número de recursos para los nuevos padres. Mi barrio, por ejemplo, tiene un grupo de mensajes electrónicos para padres, hay un estudio de yoga con clases prenatales y para las mamás y bebés, una cafetería con una zona de juegos para los bebés, un museo para niños, clases para padres (lactancia, crianza en brazos, sesiones de queja), clases para bebés (música, movimiento, natación, horas del cuento en la biblioteca), grupos de apoyo para padres nuevos, y salidas nocturnas para padres organizadas por las iglesias, los centros comunitarios, y los gimnasios para bebés. Antes del bebé, yo no sabía que la mayoría de éstos existían.

Hablar con desconocidos. Entablar una conversación con otros padres o futuros padres en el parque o tienda de comestibles—algo tan simple como "¿Qué edad tiene tu bebé?" "¿Qué está haciendo estos días?" o "¿Cómo te esta yendo?" Compartir algo honesto. No finjas que todo está perfecto y perpetues las expectativas poco realistas que nos ponemos. Y no te vayas sin intercambiar tu información de contacto: "Oye, te voy a dar mi dirección de correo electrónico."

PRUEBA ESTO

Antes de que tu bebé nazca, invita a tus amigos más queridos a una fiesta de cocina, y abastecete de comidas que congelan bien. Nourishingmeals.com *tiene ideas para las nuevas mamás.*

A medida que tu fecha de parto se acerca, inscríbete con un registro de comidas en línea. Esta es una gran ayuda en la organización de los visitantes, bendicelos, ofreciendote a traer comidas calientes

¿Comer para dos? No exactamente

Cuando estás embarazada, todo el mundo quiere que comas mucho.

"¿Tienes un antojo?", mi marido me preguntaba ansiosamente, listo para salir a comprar meriendas a medianoche.

"Aquí, termina estos", amigos ordenadaron, empujando las papas fritas en mi dirección. "Adelante", mis colegas dijeron cuando fui por una segunda o tercera porción. "¡Estás comiendo para dos!"

Finalmente entiendo una par de cosas:

- Puedes estar comiendo para dos, pero uno de ustedes es muy, muy pequeño.
- Necesitas sólo 300 calorías adicionales al día en el primer trimestre. Y sólo 350 extra en el segundo trimestre. (Eso es un pan de ocho granos en Starbucks.) Y sólo 450 calorías adicionales en el tercero. (Un par de naranjas con tu pan.)

Una mejor manera de pensar en "comer por dos

Concentrate en proporcionar al bebé con dos nutrientes claves:

El ácido fólico

Lo que hace: reduce el riesgo de defectos del tubo neural por un 76 por ciento

Qué es: vitamina B9

Cómo conseguirlo: verduras de hoja verde (espinacas, espárragos, hojas de nabo, lechuga), legumbres (frijoles, arvejas, lentejas), semillas de girasol, vitaminas prenatales

Cuando comerlo: cuatro semanas antes de la concepción y durante las primeras cuatro semanas de embarazo

Los omega-3

Lo que hacen: ayudar al desarrollo normal del cerebro. Los bebés cuyas madres consiguieron suficiente omega-3 (300 mg de DHA por día) fueron mejores en habilidades de memoria, reconocimiento, atención y motricidad finas a los 6 meses de edad.

Lo que son: ácidos grasos esenciales (ALA, DHA, y EPA), parte de las membranas que forman una neurona.

Cómo conseguirlos: Come por lo menos doce onzas por semana de pescado azul con bajas concentraciones de mercurio. Aceite de linaza desafortunadamente no es convertida por el cuerpo lo eficientemente. Cápsulas de DHA derivados de algas (600 mg por día) tienen potencial pero no hay muchos estudios a cerca de ellas.

Cuando comerlos: Ahora. Luego sigan así.

LA INVESTIGACIÓN

En un estudio de doce mil mujeres, las mujeres que comían menos marisco durante el embarazo, tenían mayor riesgo de tener niños con un coeficiente intelectual verbal en el cuartil más bajo a los 8 años de edad; problemas de conducta a los 7 años de edad; y pobres habilidades sociales, comunicativas y de motricidad fina en los primeros años.

Los investigadores concluyeron que el mercurio que se ingiere de doce onzas de pescado por semana es mucho menos problemático que perderse los omega-3 del pescado.

"No hay evidencia que presta apoyo a las advertencias de la asesoría de Estados Unidos de que las mujeres embarazadas deben limitar su consumo de pescado", escribieron los investigadores.

menos mercurio	más mercurio
Salmón	*más mercurio*
Camarón	*Pez Espada*
Sardinas	*Rey caballa*
Vieiras	*Blanquillo*
Bagre	*Tiburón*
Pollock	
Atún	

Has ejercicio treinta minutos al día

Si haces ejercicio, sigue así. Si no haces ejercicio, comienza.

Los médicos solían decirles a las mujeres embarazadas de cuidarse con el ejercicio. Resulta que estaban siendo conservadores porque muy pocos estudios se han realizado sobre el ejercicio durante el embarazo.

Las investigaciones más recientes muestran que el ejercicio es tan beneficioso, que supera el riesgo potencial minúsculo para la salud del bebé. Signos de riesgo para el bebé ni siquiera comienzan a aparecer hasta que estás haciendo ejercicio en un nivel que se siente como un sprint intenso.

EL EFECTO DEL EJERCICIO EN EL BEBÉ

La intensidad del ejercicio	¿Qué pasa con el bebé?
Moderado o vigoroso *(20 minutos de nadar, caminar o correr más de cuatro días a la semana)*	La frecuencia cardiaca del bebé, la frecuencia respiratoria, y el flujo sanguíneo umbilical aumentan muy bien junto con el tuyo
Agotador *(Una frecuencia cardiaca en el 90% o más del máximo; atletas acostumbrados a empujar sus cuerpos muy duro)*	La frecuencia cardiaca del bebé y el flujo sanguíneo umbilical bajan—pero vuelven a la normalidad dentro de 2 minutos y medio

Beneficios para la mamá y el bebé

El ejercicio beneficia al cerebro, no sólo al cuerpo:

- El ejercicio aumenta el flujo sanguíneo, lo que estimula el cuerpo para hacer más vasos sanguíneos. Más vasos sanguíneos dan al cerebro más acceso al oxígeno y energía.
- El ejercicio aeróbico también aumenta BDNF (factor neurotrófico derivado del cerebro), una sustancia química que crece nuevas neuronas. BDNF

ayuda a mantener las neuronas existentes haciéndolas menos susceptibles al daño y el estrés.

- BDNF da un golpe de karate a los efectos tóxicos de las hormonas del estrés, incluyendo cortisol. A su vez, el sistema de respuesta al estrés del bebé y el sistema límbico pueden desarrollarse normalmente.

Cardio vence las pesas

El entrenamiento de fuerza no afecta al cerebro como hace el ejercicio aeróbico. Una combinación esta bien, pero si estás corto de tiempo y energía, escoje el ejercicio aeróbico. Natación encabeza la lista. El agua soporta tu peso y dispersa el calor excesivo de tu vientre. El ejercicio trabaja todo el cuerpo. Incluso si estás en la piscina durante la hora de natacion de los ancianos, te sentirás mucho mejor. Tus tobillos impresionante hinchados también lo harán.

Escucha a tu cuerpo

¿Cuánto ejercicio es demasiado? No había suficiente investigación para saber con seguridad. Tal vez por eso cada uno dice: Escucha a tu cuerpo.

Pensé que las mujeres embarazadas no debían correr o andar en bicicleta, así que reduje el ejercicio cuando me quedé embarazada. Muy pronto, no me senti saludable. A mitad de mi embarazo, volví a mi estilo de vida activo, respetando mi estado de ánimo, en términos de la intensidad con que hacia ejercicios. Me sentí mucho mejor. Para mí, era alrededor de ocho meses de embarazo el momento correcto para reducir el ejercicio y simplemente pasear por el barrio.

LA INVESTIGACIÓN

Mujeres embarazadas—que no estaban acostumbradas a hacer ejercicios—comenzaron el ejercicio cuatro veces a la semana durante cuarenta y cinco a sesenta minutos a la vez. Empezaron a las 12 semanas de embarazo y continuaron hasta las 36 semanas, haciendo cosas como caminatas montañosas y ejercicios aeróbicos. En comparación con las mujeres que no hacían ejercicio, los deportistas estaban más en forma, tuvieron menos cesáreas, y se recuperaron más rápidamente después del parto.

En otro estudio, mujeres en 28 a 32 semanas de embarazo corrieron en una maquina hasta el agotamiento, y los bebés experimentaron sólo un breve bache en la frecuencia cardíaca y el flujo de sangre.

¿Qué vas a hacer para hacer ejercicio?
Sé específico sobre el día y la hora.

Canta o lee a tu vientre

Los recién nacidos pueden reconocer una canción o una historia que escucharon en el útero.

En un lugar tranquilo, mujeres embarazadas leyeron una historia de tres minutos del libro *El gato en el sombrero* por el Dr. Seuss. Las mujeres leyeron en voz alta dos veces al día durante las últimas seis semanas del embarazo.

Después de que nacieron los bebés, los investigadores les dieron chupones conectados a máquinas que podían medir su succión. La succión más fuerte activó el audio de su madre leyendo la historia. La succión más débil activó el audio de su lectura de una historia desconocida. Los recién nacidos chuparon con más fuerza. ¡Querían escuchar su historia! (O, al menos, sus ritmos y entonaciones familiares.)

Es probable que tu bebé también se calme con palabras o canciones familiares. Puedes tratar de recitarlos tan pronto como llegue el bebé.

Mientras estás embarazada, no te molestes recitar nada para bebé hasta tu tercer trimestre. Antes de eso, el bebé no pueda escuchar.

MILES DE MILLONES DE BAYAS PARA MERMELADA DE MORA

Mi marido leyó *Jamberry*, por Bruce Degen, cada noche a mi vientre en el último par de meses de mi embarazo. Resulta que el bebé no puede realmente escuchar la voz del papá antes del nacimiento. (¡No lo sabíamos!) La voz de la mamá—resonando a través de y amplificada por su cuerpo—es lo que el bebé puede oír por encima del estruendo de silbidos, chapoteos, borboteos, y latidos del corazón en el vientre materno. Sin embargo, la lectura de mi marido proporciona un tiempo de unión preciosa para nosotros. Y el libro se convirtió en un cuento favorito para el bebé.

¿Qué canción vas a cantar? ¿Qué libro vas a leer?

Estresarte menos

¿Estás pensando en mudarte a una nueva ciudad, iniciar un nuevo trabajo intenso, comprar una casa nueva, y terminar la remodelación apenas unos días antes del nacimiento de tu nuevo bebé?

He aquí una idea mejor: masajes semanales, mañanas de descanso el fin de semana, y cenas divertidas con amigos.

Eso es porque el estrés tóxico durante los últimos meses del embarazo se transfiere directamente al bebé. El estrés excesivo puede

- hacer que el bebé sea más irritable y menos consolable;
- inhibir las habilidades motoras del bebé, la atención, y la capacidad de concentrar;
- dañar el sistema de respuesta al estrés del bebé, haciendo que las hormonas de lucha o de vuelo se queden demasiado tiempo en su sistema; y
- rebajar un promedio de ocho puntos del coeficiente intelectual del bebé (la diferencia entre la promedio y brillante).

Cómo identificar el estrés tóxico

No todo el estrés es malo, por supuesto. Y no todas las personas reaccionan de la misma manera. Por ejemplo, a los nueve meses de embarazo, me apuraba a terminar de editar un libro. Descubri que las noches largas, fechas límites, y personalidades chocantes me vigorizaban. Mis amigos pensaron que estaba loca.

El problema es cuando sientes que no tienes control sobre las cosas que te estresan. Estrés constante es el principal culpable. Nuestros cuerpos no están construidos para soportar un asalto sostenido de las hormonas de lucha o vuelo del estrés. Un trabajo demasiado exigente, una enfermedad crónica, la pobreza, la pérdida de un trabajo, una relación abusiva—estos son ejemplos de estrés tóxico.

El embarazo sí crea un amortiguador contra el estrés. En un estudio mujeres embarazadas, y no embarazadas, fueron expuestas al mismo factor de estrés. Las mujeres embarazadas tenían menor frecuencia cardiaca y niveles de cortisol. Pero si estás experimentando el estrés crónico o ansiedad constante, sobre todo a partir del segundo trimestre, remediar tu situación es prioridad.

Si no puedes disminuir tu estrés durante el embarazo, céntrate en la creación de una relación de confianza con tu bebé recién nacido (página 42). Esto ha demostrado mitigar los efectos del estrés prenatal.

LA INVESTIGACIÓN

Los bebés de la tormenta de hielo se atrasan

Cuando una lluvia helada caía sobre el este de Canadá en 1998, más de un millón de personas quedaron sin electricidad durante un máximo de cuarenta días, y cien mil familias fueron transportados a refugios de emergencia.

Las mujeres que estaban embarazadas durante todo esto, como es comprensible, se estresaron de manera tóxica. Resulta que sus hijos también se estresaron: a los 5½ años de edad, los niños tenían coeficientes intelectuales más bajos y habilidades lingüísticas más pobres que los niños cuyas madres no fueron afectadas por la tormenta.

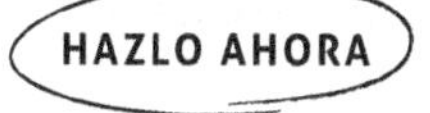

Haz una lista de las áreas que te causan el estrés tóxico.

¿Qué pasos grandes o pequeños pueden hacer para recuperar el control?

¿Qué vas a hacer por ti misma para reducir el estrés en general?

Comparte las tareas por igual

Las mujeres en los hogares con dos ingresos, todavía hacen la mayor parte de las tareas domesticas.

Este desequilibrio es como un campo de minas que los nuevos padres enfrentan, sobre todo porque el bebé trae muchas nuevas tareas. Es también una de las fuentes más citadas de conflicto marital. Ecuentra una solución justa, y puede salvar tu matrimonio. (Incluso podría mejorar tu vida sexual. Un estudio de casi siete mil parejas encontró que a medida que la participación de los hombres en las tareas domésticas semanales aumenta, las parejas tienen relaciones sexuales un poco más a menudo.)

En resumen: si los dos están trabajando fuera del hogar, las tareas domésticas deben ser compartidas de una manera justa.

Los estudios muestran que las parejas homosexuales son mucho mejores en esto que las parejas heterosexuales, porque no pueden recurrir a las suposiciones que vienen con los roles tradicionales del género sexual. Tienen que empezar de cero y repartir cada tarea.

Esto es lo que tienes que hacer también.

Un montón de trabajo

Mi marido y yo estábamos bastante sorprendidos por el aumento de las tareas domesticas que vino con tener un bebé. Esto puede deberse a que, centrados en nuestras carreras, habíamos hecho tan poco de ellas como era posible. Por ejemplo, solíamos lavar la ropa cada dos semanas, si nos apetecía. De repente, los pañales de tela y el gran hábito del bebé de regurgitar significa que nos encontramos lavando ropa cada dos días.

Solíamos ensuciar uno o dos sartenes para la cena—si es que no estábamos comiendo fuera. Muchas noches cocinamos un poco de pasta, incorporamos unas espinacas, y abriamos un frasco de salsa. O poniamos una pizza en el horno. Cuando el bebé comenzó a comer alimentos sólidos, pasé mucho más tiempo cocinando productos frescos, frijoles, y granos. De repente estábamos limpiando todo un montón de equipo de cocina todas las noches.

Sin mencionar la limpieza de la comida untada en la mesa y caído en el suelo tres comidas al día. O de recoger los juguetes y el contenido de los cajones constantemente esparcidos por la casa. O asegurarse de que los pisos esten moderadamente limpios, ya que el bebé pasa tanto tiempo en ellos.

Tu me entiendes. Las tareas domesticas van de "si llegamos a ellas" semanalmente a "tiene que hacerse" varias veces al día.

Así que te puedes imaginar cómo el resentimiento aumentará rápidamente si una persona carga una cantidad injusta de ese trabajo.

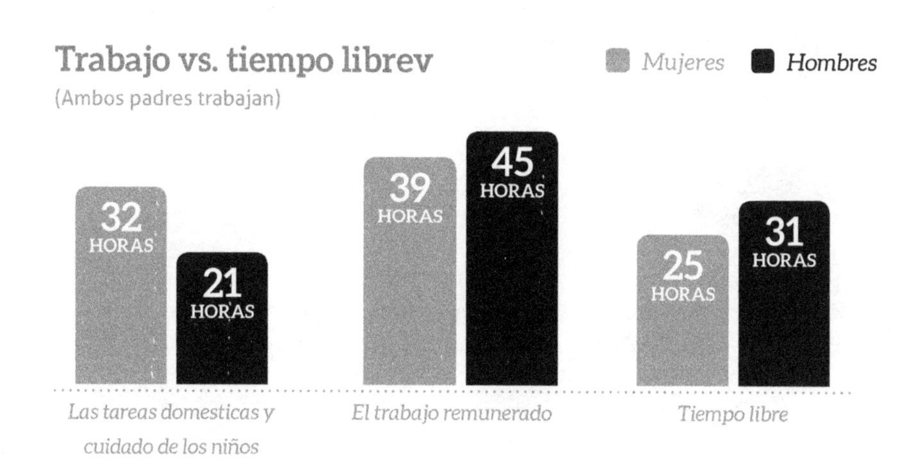

¿Quién va a hacer cuales tareas?

La gente tiende a estar satisfecho con su contribución a las tareas de la casa e insatisfechos con la contribución de su pareja, según estudios. Y ambas partes se sienten subestimados. Así que escribir las cosas en un papel es una manera clara, basada en datos de estar en lo mismo.

Con tu pareja, anota las tareas domesticas de las que cada uno es responsable o usa la lista de la derecha como inspiración. Si la lista es desequilibrada, decide cómo equilibrarla. Una estrategia consiste en pedir tareas que te gustan o que no te importa hacer. El resto es compromiso: lanza una moneda, turnarse o hacer juntos.

Hacer algunas tareas juntos (por ejemplo, una persona prepara el plato principal y el otro hace los guarniciónes o ambos limpian al mismo tiempo) es bueno para su relación, también.

PRIMER TURNO, SEGUNDO TURNO, TERCER TURNO

La casa se convierte en tal ruina cada día, mi marido y yo hicimos un pacto. Él limpiaría la casa por la mañana, después de darle el desayuno al bebé y de jugar, así que yo no comenzaría el día con un reguero. Yo limpiaría la casa antes de que él llege, así que el no estaba volviendo a una casa de caos. Despues arreglabamos la casa juntos después de la cena. Cuando nos apegamos a nuestro plan, nos encontramos con que nuestro estado de ánimo mejora, y también lo hicieron nuestras actitudes hacia el otro.

Si criticas continuamente la ayuda de tu pareja, rápidamente te aseguras de quedarte haciendo la mayor parte del trabajo. Se más tolerante con tu pareja. Simplemente di, "Gracias. Realmente aprecio que tu pones los platos en el lavaplatos."

Tarea	Mias	Tuyas
Platos	○	○
Comidas		
Compras	○	○
Desayuno	○	○
Almuerzo	○	○
Cena	○	○
Lavandería		
Lavar y secar	○	○
Doblar y guardar	○	○
Basura, reciclaje, compostaje	○	○
Baños	○	○
Aspirar	○	○
Quitar el polvo	○	○
Reparaciones	○	○
Pagar las cuentas	○	○
Programar el calendario	○	○
Preparar al bebé para salir	○	○
Empacar/desempacar la bolsa de pañales	○	○
Poner al bebé a la cama		
Las siestas	○	○
La noche	○	○
El cuidado del bebé (alimentar, cambiar pañales, jugar)		
Días de la semana		
Mañana	○	○
Tarde	○	○
Noche	○	○
Despertares durante la noche	○	○
Los fines de semana		
Mañana	○	○
Tarde	○	○
Noche	○	○
Despertares durante la noche	○	○

Si estás sufriendo, obtiene ayuda

La depresión entre los padres nuevos es más común de lo que piensas, y no se discute tanto como debería ser.

La depresión posparto puede golpear a ambos padres. Y si la madre está deprimida, es más probable que el padre también lo estará. La causa exacta de la depresión postparto no se conoce, pero las hormonas, la falta de sueño, y el estrés se cree que son factores contribuyentes. Afortunadamente, la depresión posparto es tratable. Más pronto es mejor.

La depresión afecta el cerebro del bebé, también. Los padres deprimidos son menos sensibles a sus bebés, y se involucran menos positivamente con sus bebés. A los 9 meses de edad, los bebés son

- menos sociales,
- no tan buenos a regular su comportamiento,
- más emocionalmente negativos,
- más fácilmente estresados.

Afortunadamente, la depresión posparto es tratable. Más pronto es mejor. Y el vínculo de los padres con sus bebés mejorará también.

Maneras de prepararte

Busca una terapeuta antes de que llegue el bebé, por lo que tendrás un número para llamar en caso de que lo necesites. Pregunta a tu médico, partera, doula o amigos para una recomendación. Quieres a alguien que te pueda ver de inmediato, no en seis semanas.

Designa un amigo cercano o miembro de la familia, o ambos, para decirte si él o ella ve síntomas de la depresión en ti, porque puede que no los veas en tu mismo.

Cuándo obtener ayuda

Un par de semanas de depresión post-parto—fatiga, tristeza, y preocupación—son normales. Pero si te sientes ansioso y demasiado abrumado la mayor parte del tiempo, por más de dos semanas, busca ayuda. Sin excusas. Sin juicios. Para los hombres, los síntomas comunes incluyen sentirse cansado e irritable, escapando (al trabajo, al deporte, al alcohol) o actuando más controlador, agresivo o temerario. Para las mujeres, ve la página siguiente.

dentro del primer año

Ambos padres son vulnerables a la depresión

15%–20%
de las madres

10%
de los papás

alcanza su punto máximo a 3-6 meses

PARA PENSAR

¿Tengo depresión posparto?

Si has tenido un bebé en los últimos doce meses, y has experimentado algunos de estos síntomas por más de dos semanas, por favor busca ayuda. Esta lista proviene de Katherine Stone, editor de PostpartumProgress.com, el blog más leído de la depresión posparto.

- Te sientes abrumado. No como "Esta cosa de ser nueva mamá es dura." Más como "No puedo hacer esto y yo nunca voy a ser capaz de hacer esto."
- Te sientes culpable porque crees que debes manejar tu nueva maternidad mejor de lo que lo estas haciendo. Sientes que tu bebé se merece algo mejor.
- No te sientes unida a tu bebé. No experimentas esa éxtasis mítica de ser mamá que se ve en la televisión o lees en las revistas.
- Te sientes continuamente irritada o enojada. No tienes paciencia. Todo te molesta. Sientes resentimiento hacia tu bebé o tu pareja o tus amigos que no tienen bebés. Sientes rabia fuera de control.
- Te sientes nada más que vacía y atontada. Sólo sigues los pasos porque tienes que.
- Sientes una tristeza profunda en tu alma. No puedes dejar de llorar, incluso cuando no hay ninguna razón real para llorar.
- No quieres comer, o tal vez lo único que te hace sentir mejor es comer.

- No puedes dormir, no importa lo cansada que estés. O tal vez lo único que puedes hacer es dormir. Sea lo que sea, tu sueño está completamente estropeado, y no es sólo porque tienes un recién nacido.
- No puedes concentrarte. No puedes enfocarte. No puedes pensar en las palabras que quieres decir. No puedes recordar lo que se supone que debes hacer.
- No puedes tomar una decisión. Te sientes como si estuvieras en una niebla.
- Te sientes desconectada. Te sientes extrañamente aparte de todos, como si hubiera un muro invisible entre tu y el resto del mundo.
- Puede ser que tengas pensamientos de huir y dejar a tu familia detrás.
- Has pensado en salir de la carretera en tu coche o en tomar demasiadas pastillas o encontrar alguna otra manera de terminar esta miseria.
- Sabes que algo está mal, que la manera como te sientes no está bien. Te preguntas si te has "vuelto loca."
- Tienes miedo de que esta es tu nueva realidad y que has perdido la
- "antigua tu" para siempre.
- Tienes miedo de que si llegas a salir en busca de ayuda, la gente te va a juzgar. O que te quitaran a tu bebé.

Usado con permiso

Prevé el conflicto como pareja

Dos tercios de las parejas tienen problemas en sus matrimonios poco después de que llegue el bebé.

La mayoría de las parejas reportan un descenso en la satisfacción marital después del bebé. El punto más bajo sucede cuando los niños son adolescentes, y no se recupera hasta que los niños se van de la casa.

¿Por qué es importante para el bebé? Porque si ustedes están estresado y luchando—o van camino del divorcio—están creando un ambiente en el hogar que hacen dano al desarrollo cerebral de su hijo.

Hay algunos factores que ponen en mayor riesgo a la insatisfacción marital:

- Si los padres de la madre se divorciaron o tenían altos niveles de conflicto
- Si vivieron juntos antes de casarse
- Si ustedes tuvieron un bebé poco después de casarse (esperar te da más tiempo para estar en la misma pagina acerca de las responsabilidades en tu relación)
- Si ustedes tienen un montón de comunicación negativa y no resolvieron bien los conflictos antes de la llegada del bebé
- Si uno de ustedes no querían un bebé, pero cedieron

Bueno, eso cubre casi a todos nosotros.

La buena noticia

En un tercio de las relaciones, la satisfacción marital se mantiene igual o aumenta después del bebé. ¿Qué están haciendo bien? Están eligiendo empatía (página 136), resolviendo los conflictos con amor (página 138), compartiendo las tareas (ver página 18), y construyendo una gran red de apoyo (ver página 8).

Ustedes también pueden hacer un esfuerzo concertado para hacer estas cosas.

La transición a la paternidad es dura

Cuatro estudios de satisfacción marital hacen preguntas diferentes pero llegan a respuestas similares. Fuente: C. Walker, "Algunas Variaciones en la Satisfaccion Marital." Derechos de autor Elsevier. Usado con permiso.

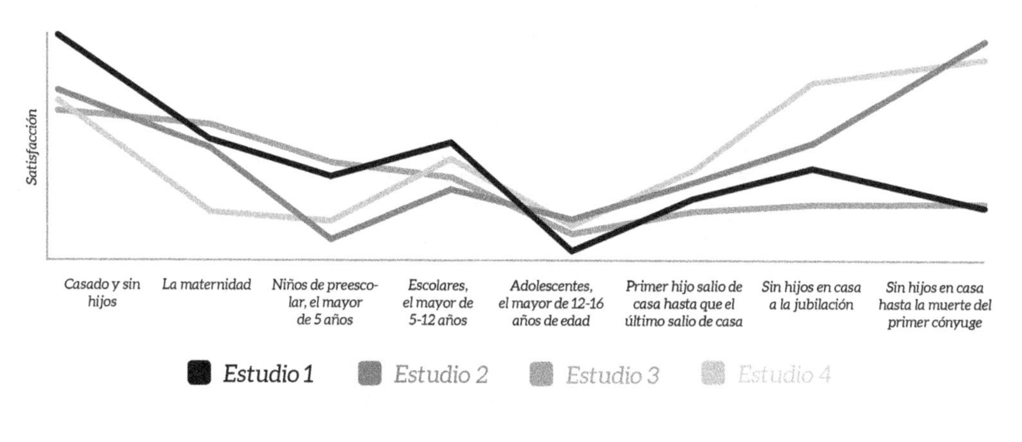

Ten en cuenta que no puedes realmente estar preparado

No vas a tener idea, y eso está bien.

Tener un bebé es un choque cultural. A pesar del mucho tiempo que ustedes se pasaron planificando para esto, todo se convierte en realidad repentinamente. Ustedes no hablan el idioma del bebé; no están seguros de lo que está tratando de decir. Ustedes se sienten incompetentes cuando se trata de las cosas más básicas, como cuánto necesita este pequeño comer o cómo quiere dormir. Nunca has estado en contacto tan directo con regurgitación, baba, orina, y caca—cosas que previamente habías tratado de evitar. Apenas reconoces tu casa, mientras que abandonas la limpieza y las cosas del bebé se acumula. Tus sentidos se intensifican: empiezas a oír gritos de bebé cuando no hay ninguno o te sientas en la cama con ganas de estar seguro que el bebé sigue vivo. El tiempo deja de tener sentido. Cuando el bebé llora desconsoladamente, minutos parecen horas. Cuando ustedes miran a los ojos del bebe, lo abrazan, y besan la piel suave del bebé, horas se sienten como minutos.

Es una aventura, y por lo general sientes que puedes. Además, el bebé duerme mucho al principio, y eso te da un poco de tiempo para adaptarte.

Sin embargo, muchos padres primerisos también se enfrentan a un desafío adicional que golpea duro. Podría ser depresión posparto. Podría ser que el bebé es de tipo cólico o bajo peso o no se enganche en el pecho bien o prematuro. Podría ser que eres una persona ambiciosa y aún no te has dado cuenta de que estás tratando de hacer demasiado. Para mi marido y yo, era la privación de sueño.

La alimentación del bebé tardaba dos horas y se supone que debes alimentar a un recién nacido por lo menos cada tres horas. Yo no estaba produciendo mucha leche, pero no quería renunciar a la lactancia materna. Así que el hospital nos sugirió pegar un pequeño tubo a mi pecho, y pasar la leche a través de él usando una jeringa. De esa manera, el bebé todavía estaba "amamantando." Mantener este tubo en su lugar y conseguir que bebé se prenda tomó mucho tiempo y era indescriptiblemente frustrante. Si el bebé soltaba, teniamos que empezar de nuevo. Luego también cambiar al otro pecho. Luego tambien usaba un extractor de leche. Despues mi marido esterilizaba todo el equipo. Nuestras cabezas daban vueltas por la privación de sueño.

Mi marido y yo rara vez peleamos, pero de repente estabamos discutiendo sobre cosas muy fundamentales como si la frase "no llores sobre la leche derramada" se refería al niño o a la madre. Las emociones eran altas o bajas, nada en el medio. Recuerdo caminar por la calle a plena luz del día y estallar en lagrimas. Mi marido dijo: "¿Dónde esta la alegría de la paternidad?" En los siguientes diez días, abandonamos la jeringa, cambiamos a botellas, yo usaba el extractor de leche con menos frecuencia, y nos pusimos al día con el sueño.

Poco a poco, definimos, luego aceptamos, entonces abrazamos, nuestro nuevo normal como padres. Muy pronto, sentimos como ya estábamos entendiendo mas las cosas.

Y ustedes también lo harán.

No es que la crianza de pronto llegará a ser fácil. Con un bebé, casi todos los días tienen altos y bajos. Entretejidos son los momentos de frustración, ansiedad y agotamiento, los momentos de tan inmensa alegría, fuerza, determinación, humor y amor. Estos tiempos dichosos más que borran los duros.

Recuerdo un día soleado cuando mi bebé tenía 7 u 8 meses de edad. Caminando a través de un hermoso parque arbolado, le narraba a ella cómo las hojas se habían caído de los árboles. Me senté en un columpio con ella en mi regazo, se apoyó en mi pecho y sonrio una pequeña sonrisa supremamente contenta.

Esto me hizo sentir tanta felicidad que me reí a carcajadas, la abracé, y le dije: "¡Te amo tanto!"

Momentos como éstos provienen de una profunda conexión con una persona. Puedes sentirlo con amigos o amantes de vez en cuando, pero con un niño puedes sentirlo varias veces al día en un sentido tan puro. Hacen que te des cuenta de que es lo más importante en la vida—nuestras conexiones como seres humanos.

Tal vez por eso los padres veteranos olvidan decir a los primerizos lo difícil que es criar a los hijos. Si es así, es una muy buena razón.

Imaginate al bebé ya grande

Tomate un momento para imaginar a tu hijo como un adulto.

¿Qué tipo de trabajo esperas que esté haciendo? ¿Qué valores esperas que tenga? ¿Qué habilidades? ¿Qué tipo de relación tiene tu bebé contigo, y con su familia, amigos y socios?

Al principio puede ser difícil de imaginar a tu bebé ser otra cosa que un bebé. Fue para mi esposo y para mí. Hicimos este ejercicio con Nita Talwar, entrenadora de padres con sede en Seattle. Estábamos tan ocupados en mantener la cabeza fuera del agua, que pasamos más tiempo preocupandonos a cerca de la próxima siesta del bebé que en preguntarnos en qué nuestro hijo sería como dentro de veinte años. Rápidamente, sin embargo, pude ver el poder de mirar hacia adelante.

"Es más fácil llegar a donde quieres ir," Nita señaló, "si tienes un mapa."

Indicando las habilidades y rasgos de carácter que ustedes valoran ayuda a priorizar cómo quieren criar a sus hijos. Mi marido y yo pusimos "buen comunicador, articulado" en nuestras listas—no es sorprendente, dado que ambos somos escritores y editores. Yo soy por naturaleza una oyente más que habladora, pero superé mis tendencias tranquilos para hablar mucho con nuestro bebé (página 52). Si no hubiéramos parado a pensar en lo que valoramos, yo no podría haberlo hecho.

Anota los valores y habilidades básicas que esperas que tu hijo presente al ser un adulto, en veinte o treinta años. ¿Cómo vas a tener que cambiar con el fin de modelar esas cosas?

Lo que nos lleva a otro punto: puede que tengas que crecer, también

Esperas que tu hija tenga una relación amorosa y sana con su pareja? Entonces tendrás que demostrarle ese tipo de relación. ¿Esperas que tenga empatía y respeto por los demás? Entonces necesitas modelar eso.

¿Esperas que tu hijo valore a ayudar a los demás? Entonces tendrás que ayudar a los demás. ¿Esperas que sepa cómo resolver problemas de una manera tranquila, sin ser hiriente? Entonces tendrás que hacerlo.

¿Qué imagen quieres que tu bebé tenga de lo que es un buen padre o madre? Entonces...entiendes la idea.

Esto podría requerir hacer algunos cambios en tu vida.

Nadie quiere oír eso ¿verdad? Hay días en que pienso: Sólo estoy haciendo lo mejor que puedo, en base a lo que soy. Otros días, estoy sorprendida por mi deseo de convertirme en una persona mejor para mi bebé.

Durante cualquier momento maravilloso o terrible, piensas: "Voy a recordar esto para siempre." No lo harás. Eso requeriría recordar casi todos los días de la vida del bebé. Si eres como yo, apenas puedes recordar lo que pasó ayer.

Así, desde el embarazo, he mantenido un diario "Una Línea por Día." Una línea por cada día es aproximadamente el nivel adecuado de compromiso. Bien, una línea cada pocos días. El mío es un diario de cinco años: cada página está dedicada a una fecha, con el espacio para escribir acerca de cada uno de los cinco años.

Es bueno ser recordado de lo que ocurría en una fecha determinada en los años anteriores—y preguntarme qué mi bebé aprenderá cuando lea my diario cuando ella sea adulta.

Amar

La cosa más importante que puedes hacer con tu recién nacido es ser sensible a las necesidades del bebé. Responde cuando el bebé intenta interactuar contigo. Copia esas sonrisas, arrullos y miradas. Cosuela sus gritos. Acurrúquese, piel con piel. Enamorense.

Prepárate para asombrarte

Los mentes de los bebés están trabajando, y trabajando, poniendo a prueba las hipótesis, y haciendo uso de un increíble conjunto de habilidades cognitivas innatas.

Un recién nacido de menos de una hora de edad puede imitar. A pesar de que nunca había visto un rostro antes, incluso el suyo propio, un bebé nace sabiendo cómo sacar la lengua, si sacas la tuya.

Los bebés evitan lo malo. Los bebés de 6 y 10 meses vieron un espectáculo en el que un juguete ayuda a otro juguete para subir una colina. Un tercer juguete lo empuja hacia abajo de la colina de nuevo. Luego, los investigadores llevaron al juguete ayudante y el juguete malo a los bebés. Los bebés eran mucho más propensos a alargar la mano hacia el juguete ayudante.

Los bebés pueden predecir una acción. Cuando bebés de 9 meses de edad alargan la mano a un objeto, la región del motor de su cerebro se activa. Y cuando bebés de 9 meses simplemente miran a un adulto alargan la mano a un objeto, esa misma región del motor se activa. Mirando el adulto por segunda vez, la región motriz de los bebés se activa justo antes de que el adulto alarge la mano, en efecto predeciendo la acción del adulto.

Los bebés pueden hacer predicciones basadas en probabilidad. Los bebés de 10 a 12 meses de edad fueron observados para ver si preferían una paleta de color rosa o una negra. A continuación, a los bebés se mostraron dos frascos: uno con más paletas de color rosa y una con más negras. Los investigadores luego tomaron una paleta de cada frasco (cubierto ahora, para que el bebé no pueda saber qué color de paleta fue elegido) y cubrieron cada paleta con una taza. Alrededor del 80 por ciento de las veces, los bebés eligieron la copa más probable de contener su color favorito de paleta.

Haz algo una vez, y un niño de 14 meses de edad puede repetirlo una semana más tarde en el mismo contexto. Los investigadores crearon una caja que se iluminaba cuando se toca. Mientras que los bebés observaban, los experimentadores se inclinaron hacia la caja desde la cintura y tocaron la frente a la caja. Llevados de vuelta al laboratorio una semana después, dos tercios de los bebés recordaron. Se inclinaron hacia delante y tocaron sus propias frentes a la caja. Los investigadores intentaron retrasos más largos—y algunos bebés recordaron *cuatro meses después.*

Los bebés te darán el brócoli. Un bebe de 18 meses de edad entiende que sus necesidades pueden ser diferentes a las tuyas. En frente del niño, un experimentador comió brócoli crudo, haciendo una cara feliz ("¡Mmm!"), y luego las galletitas saladas, haciendo una mueca de disgusto ("¡qué asco!"). Entonces el experimentador le tendió la mano al niño y le dijo: "¿Podría darme un poco?" A pesar de que prefieren las galletitas, los bebés le dieron brócoli crudo—lo que el experimentador dijo que le gustaba. El experimento también se hizo con bebés de 15 meses de edad. Los bebés de esa edad siempre entregan galletitas, que es lo que les gusta a ellos.

Los bebés están tomando estadísticas. Los bebés se enteran de todo del entorno que les rodea—sonidos, escenas visuales, lenguaje—y calculan la frecuencia con la que ocurre algo. En el caso del lenguaje, los bebés utilizan estas estadísticas para determinar qué sonidos de las letras para deben continuar refinando y cuales ignorar.

Los bebés están diseñados para aprenderlearn. Los bebés absorben información de muchas fuentes a la vez, iluminando una serie de neurotransmisores—muchos más que los cerebros adultos tienen—que entran en acción para el aprendizaje rápido. Entonces, al igual que los científicos, los bebés y los niños pequeños crean hipótesis y ejecutan experimentos sobre el mundo y sobre la naturaleza humana. La investigadora Alison Gopnik llama a los niños pequeños "la división de investigación y desarrollo de la especie humana."

OBSERVA LO QUE EL BEBÉ PUEDE HACER

Continuamente estoy impresionada por las cosas que mi bebé puede hacer, por ejemplo, recordar y repetir. Antes de que los bebés puedan hablar, se tiende a asumir que no entienden todo lo que estás diciendo. Lo hacen. Al vestir a mi bebé en una camisa a los 10 meses de edad, le dije que ponga su brazo en la manga y lo hizo. Cuando el bebé empezó a hablar, fue demasiado tarde para recuperar algunas de las cosas que mi esposo y yo le habíamos dicho. "¡Bálsamo de nalga para las nalgas!" repetía durante los cambios de pañal.

Si le doy al bebé suficiente tiempo, esperando pacientemente en vez de saltar a ayudarla, a menudo es capaz de atornillar una tapa, sacar una hebilla, encontrar una toalla y limpiar un derrame o guardar una cosa antes de pasar a la siguiente. A los 20 meses de edad, me sorprendió enterarme de que pudiera terminar las frases de sus libros favoritos, si pausé. Leyendo *Corduroy*, sobre un pequeño oso en overoles verdes que le falta un botón, yo empezaba: "Yo no sabía que había..." y ella terminaba, "perdido un botón", dicho a si mismo. "¡Iré a encontrarlo!"

Es fácil subestimar a un bebé. Sigue haciendo pruebas de los límites de tu bebé—y prepárete para asombrarte.

Cree un sentimiento de seguridad

Sí, debes anclar tus muebles a las paredes y guardar bajo llave tus artículos de limpieza. Pero ese no es el tipo de seguridad del qué estoy hablando aquí.

La necesidad más grande de tu bebé es de sentirse seguro contigo.

Los niños son muy sensibles a su entorno. Si se crea un ambiente de seguridad, amor y estabilidad emocional, las cosas buenas suceden:

- El cerebro del bebé desarrolla un sistema de respuesta al estrés saludable, desplegando de manera eficiente y luego reduciendo las hormonas del estrés, según sea necesario.
- Con las hormonas del estrés en equilibrio, los circuitos neuronales para el aprendizaje y el razonamiento son protegidos en el bebe. Los sistemas cardiovascular e inmunológico pueden funcionar adecuadamente.
- Las tensiones más pequeñas de la vida ("¡No camisa! ¡Yo no quiero!") se convierten en oportunidades para el crecimiento, porque las relaciones de apoyo amortiguan los efectos negativos del estrés.
- El bebé ve tus respuestas saludables a las experiencias estresantes y obtiene la práctica de responder de manera saludable.

En una casa con altos niveles de conflicto, por otro lado, el sistema de respuesta al estrés del bebé se daña. El sistema o es forzado a un estado de alerta constante alta o a un reacción demasiado suave al estrés. El bebé es incapaz de formar un apego de confianza con quienes lo cuidan (página 42). Más tarde, el niño tiene más probabilidades de ser agresivo y delincuente. Se podría pensar que los bebés son demasiado jóvenes para entender que sus padres se están peleando. Pero los bebés menores de 6 meses de edad pueden saber que algo está mal. La presión arterial y el ritmo cardíaco de los bebés aumentan, y también lo hacen sus niveles de la hormona del estrés cortisol.

¿Cómo tu peleas importa mucho

Eso no quiere decir que nunca se puede pelear. No todas las peleas de los padres perjudican el desarrollo del cerebro de un niño. Cuando discutes, si muestras apoyo a tu pareja y muestras pequeñas señales de afecto (página 138), los niños aprenden que pueden y van a manejar los conflictos de una manera que preserve la armonía familiar. Si eres hostil con tu pareja, haciendo amenazas y lanzando insultos, o estás físicamente agresivo, eso es cuando los conflictos dañan a los niños.

El sistema de respuesta al estrés del bebé se desarrolla durante el primer año

El tipo de cosas que estresan al bebé (es decir, que aumentan su nivel de cortisol) cambian al mismo tiempo que las experiencias hacen ajustes al sistema de respuesta al estrés del bebé.

Recién nacido	Incrementos de cortisol incluso si el bebé es recogido
3 meses	Ser recogido ya no es estresante, pero un examen médico es
6 meses	El cortisol es menos reactivo durante un examen médico y vacunas
9 meses	Quedarse con una niñera de confianza apenas aumenta el cortisol
13 meses	El bebé se puede molestar, sin aumento de cortisol

Consuela al recién nacido con lo que es familiar

Empujada a un lugar extranjero, quien no sería consolada por los vestigios de la casa

Los recién nacidos lloran porque tienen hambre o tienen gas o tienen sueño o están calientes o fríos o húmedos. Y lloran después de que hayas chequeado todas esas cosas, por razones que siguen siendo un misterio. El bebé lidea con mucho ahora. No siempre puedes resolver el problema para detener el llanto, pero puedes consolar al bebé mientras llora.

Olor

Los investigadores registraron el llanto de los recién nacidos, a escasos 30 minutos de edad, quienes fueron separados de sus madres durante una hora. Si los bebés fueron expuestos al olor del líquido amniótico—el saco protector de agua en que el bebé flotaba antes del nacimiento—lloraban menos de treinta segundos. Si no, ellos gritaron más de dos minutos.

¿Qué otra cosa es un olor familiar a un recién nacido? Bueno, la mamá, por ejemplo. El bebé puede olerte a partir de los siete meses en el vientre materno—tu olor corporal, incluso la loción con que te frotas el vientre cada noche. (¿Puedo recomendar Almond Supple Skin Oil de L'Occitane? Mmm. Suelta indirectas para tu babyshower.) Poco después del nacimiento, el olor del papa se vuelve familiar, también.

Durante el doloroso pinchon del talón para extraer la sangre del bebé, los bebés lloraban y hacían muecas mucho menos si olían un olor familiar. La leche de mamá funciono para los bebés alimentados con leche materna. El aroma de la vainilla, que los investigadores previamente habían expuesto bajo la nariz del bebé, trabajó también.

Sonido

Si tu cantaste o leíste al bebé durante tu tercer trimestre del embarazo (ver página 14), utiliza esa canción o historia para consolar al bebé inmediatamente después del nacimiento.

Movimiento

Envuelve al bebé en tu cuerpo y camina (página 206)—un ritmo muy familiar para tu bebé.

Olfatear? Los recién nacidos lloran menos

Tiempo medio de llorar durante una separación de la madre, cuando expuesto a su líquido amniótico vs. ninguna exposición..

ES BUENO SABER

Los tres primeros meses del bebé se llaman "el cuarto trimestre." La teoría de la evolución es que los bebés podrían utilizar más tiempo en el útero, pero ellos deben nacer temprano por lo que sus cabezas deben caber a través del canal de parto.

Para facilitar la transición del bebé fuera del útero, los padres tratan de replicar las condiciones ruidosas, acogedoras, y cálidas dentro del útero. Por eso la lista de Harvey Karp trabaja tan bien para consolar al bebé: fajarlo, colocarlo de costado o sobre su estómago, balancearlo, hacerlo sonidos de shhh, y darle algo para chupar. Visita happiestbaby.com en el internet para más detalles.

Acurrucarse con el bebé

Los bebés están felices con el contacto casi constante en sus primeros meses. ¡El tacto se siente bien!

El contacto cariñoso es esencial para el desarrollo cognitivo y emocional. Más técnicamente: el tacto provoca la liberación de ciertos neurotransmisores, que calman el sistema nervioso y bajan los niveles de cortisol, una hormona del estrés. El tacto indica seguridad al cerebro.

En el extremo negativo, los bebés no tocados durante días simplemente miran hacia el espacio. Su sistema de respuesta al estrés está dañado, creando una cascada de efectos negativos.

Formas de acercarse

En las primeras semanas del bebé, estás en una neblina tratando de entender la alimentación, el eructar, el dormir las siestas, hasta el hacer caca, y en general mantener vivo al bebé. Entonces, en algún momento del día, todas esas cosas han ocurrido, y te preguntas: ¿Y ahora qué hacemos?

En lugar de poner al bebé en un columpio para mirar a los móviles, acurrucate con el:

Comparte tiempo piel a piel. Deja que tu recién nacido, vestido sólo con un pañal, descanse en el pecho desnudo de papá o mamá. Acurrucate con el bebé en la cama de la misma manera. Amamanta sin camiseta en casa. Tu piel calienta al bebé, pero también puedes poner una manta sobre los dos. Estar piel a piel, o en lactancia, cuando el médico da pinchazos al bebé también reduce el estrés del bebé.

Envuelve al bebé contra tu cuerpo. Usa un portador suave, honda, o chal mientras haces tus mandados, algunas tareas, o un paseo. (Después de que te hayas recuperado del parto, quiero decir— ¡no vayas a ninguna parte al principio, si puedes evitarlo!) Guarda el cochecito para cuando el bebé se ponga pesado o necesites transportar cosas.

Dale un masaje al bebé todos los dias. Los investigadores encontraron que los bebés de 4 meses de edad que recibieron un masaje diario de ocho minutos tenian

- un mejor estado de ánimo, eran
- menos ansiosos y estresados,
- más atentos, y
- durmieron con más regularidad.

Me parece que el masaje hace lo mismo para las mamás...

Comienza con el bebé acostado en la espalda, y luego boca abajo. La presión debe ser moderada, no demasiado ligera. En la India, donde el masaje del bebé es una tradición de siglos de antigüedad, las mujeres ponen bebé sobre sus piernas extendidas y trabajan vigorosamente con aceite caliente. (Búsca en el internet un video para tener una mejor idea de la cantidad de presión.) Habla, canta, o sonríe al bebé mientras le masajeas. Un masaje silencioso y distante sólo eleva el nivel de estrés del bebé. Si el bebé parece agitado, ajusta tu presion, o prueba otra vez—puede ser que el bebé sólo necesita un descanso en este momento (página 42).

LA INVESTIGACIÓN

En un estudio, bebés prematuros tuvieron contacto piel a piel ("método canguro") todos los dias. Cada vez que los investigadores hicieron seguimiento, entre 6 meses y 10 años de edad, estos bebés tuvieron respuestas más eficientes al estrés, los patrones de sueño más organizados y mejor función ejecutiva que los bebés prematuros atendidos en una incubadora. Las madres nuevas eran menos ansiosas, también.

Estar en sincronía

Al bebé le encanta cuando imitas sus expresiones faciales, arrullas con sus pequeños sonidos, y le miras a los ojos.

Cuando el bebé intenta conectar con tigo en una de esas maneras, ella necesita que le respondes de la misma. Este interacción de "servir y devolver" es fundamental en hacer conecciones en el cerebro del bebé. Ayuda a que el cerebro se desarrolle de una manera que apoya la regulación del estrés, la empatía y la estabilidad emocional. Pero a veces el bebé necesita un descanso.

Yo estaba con mi recién nacido en una alfombra de juego, riendo y arrullandolo, cuando de repente mi bebé volvió la cabeza hacia la izquierda, perdido en una mirada fija de un millón de millas. Yo tenía ganas de decir: "¿Hola? ¿Dónde estás?"

Entonces me acordé que cuando un bebé es sobreestimulado, ella te lo dice

- volviendo la cabeza hacia otro lado,
- cerrando los ojos,
- evitando tu mirada,
- poniendose tenso, o
- de repente convertiendose mimado.

Para mí fue genial entender lo que estaba sucediendo. Y me ayudó a resistir mi impulso inicial de llamar al bebé o agitar mi mano en frente de su cara. Mi bebé se volvió hacia mí en sólo unos momentos,lista para continuar.

La sincronía crea una relación de confianza

Esperando pacientemente en los momentos de calma del bebé, y luego relacionarte cuando ella también lo hace, es un sello distintivo de la crianza receptiva y sensitiva. Estás en sintonía con tu bebé, consciente de sus señales, y pronta para responder a sus señales. La crianza sensitiva ayuda al bebé a formar una relación de confianza contigo, llamada "apego seguro." Los padres que continuamente ignoran o rechazan las ofertas del bebé para la interacción y el consuelo no crean una relación de confianza. El apego no tiene nada que ver con que el bebé este constantemente conectado a tu cuerpo.

No estar en sincronía estresa al bebé

Cuando la mamá y el bebé están en sintonía, sus ritmos biológicos lo estan, también. Por ejemplo, durante la interacción cara a cara, sus latidos del corazón se vuelven coordinados con un retraso de menos de un segundo.

Cuando el padre y el bebé están fuera de sincronía, el bebé se estresa. El investigador de Harvard Ed Tronick realizó experimentos "still face" (expresiones congeladas) en los que las madres simplemente dieron una mirada en blanco cuando sus bebés querían conectarse a ellas. Los bebés intentaron sonreír, señalar, agitar, y chillar, todo en vano. Los bebés entonces comenzaron a alejarse, llorar y desmoronarse. Cuando las madres dejan este acto, les llevó a sus bebés unos momentos para volver a confiar en ellas y volverse a conectar. Pero si volvieron a conectarse. El construir (o romper) una relación de confianza con el bebé es un proceso que ocurre durante varios años.

EJEMPLOS DE APEGO

El apego seguro	El apego inseguro
El niño se dirige a ti para la protección y el consuelo	El niño se aleja de ti cuando está en dificultades
El niño te usa como una base de la que puede explorar el mundo	El niño se aferra y aparta alternadamente

Sonrie, abraza, anima

Una sonrisa, un guiño, un abrazo o una palabra de aliento ayuda a crear un entorno familiar positivo. Cuando los niños reciben atención de manera positiva, son menos propensos a buscar atención de manera negativa.

Incluye al bebé

El compartir tiempo de calidad con el bebé puede significar sacar la basura juntos.

Incluir al bebé en pequeñas tareas de la vida requiere aceptar que cualquier tarea necesitará mucho, mucho más tiempo. Pero eso está bien. Engajar al bebé en todo lo que estás haciendo te da mucho que mostrar al bebé y mucho de lo que hablar, junto con darte pequeños momentos que atesorarás por siempre.

Parte del día, mi bebé y yo tenemos reuniones con amigos, libros para leer, música para bailar, y paseos a dar. Pero cuando tengo cosas que hacer, esto es lo que funciona para mí:

Ducharse

- Antes de que el bebé pueda sentarse: Pon al bebé en una silla portátil, o rodea al bebé con almohadas en el suelo cerca de tu vista.
- Una vez que el bebé pueda sentarse: Deja al bebé salpicar el agua, también, en la bañera o en un baño del bebé de estilo cubo. Estoy muy agradecido por nuestra Tummy Tub.

Cocinar

- Antes de que el bebé pueda sentarse, pon al bebé en un portador.
- Prepara alimentos en la mesa del comedor mientras el bebé se sienta en la silla de bebe, o lleva la silla a la cocina. Habla acerca de todos los ingredientes, y pasa los productos al bebé para oler o probar.
- Siénta al bebé en el suelo con algunos bloques, sartenes y utensilios, o muestra de alimentos. Explica las cosas que estás haciendo.
- Obten un taburete o "torre de aprendizaje" para que tu hijo pueda ver. Pidele ayuda, para tirar envases, verter los ingredientes en la olla, o agitar.

»

«

- A menudo hago un batido verde en la licuadora. Al bebé le gusta mordisquear la pera, torcer las mitades de limón en el exprimidor de cítricos, pelar los tallos de la col rizada, y ver todo moverse como torbellino en la licuadora. Antes de encender la licuadora, digo, "El ruido fuerte en uno, dos, tres—" y hacemos un pequeño baile.

Lavandería

- Deja que el bebé ponga un par de artículos en la máquina, mueva algunas perillas y vea la ropa girando— ¡es como televisión para los bebés!
- Juega al escondite mientras doblas la ropa.
- Pidele a tu niño guardar cosas que van en su habitación.
- Haz la cama con el bebé dentro. Bate la sábana en el aire y deja que flote hacia abajo sobre ustedes dos.

Limpiez

- Dale parte del trabajo. Alrededor de 18 meses, a mi bebé le gusta sacar la pala cuando estaba barriendo, y ella agarraba el trapo para limpiar los derrames.
- Solicita la ayuda del bebé para vaciar el lavaplatos: "Aquí, pon tu plato en la estantería. ¿Puedes traer tu taburete, y poner tu cuchara en el cajón?"

Arreglar cosas

- A tu niño probablemente le encantaría ayudarte a armar su nueva bicicleta de equilibrio, quitar las viejas perillas de los cajones de la cómoda o sentarse en tu maleta y girar el destornillador para apretar el mango. Explica que haces.

Mandados

- Camina, si puedes, o toma el autobús. A las personas que pasan les encanta hablar con bebés, y se ve todo tipo de cosas interesantes.
- Elija un mandado y tomate un dia para hacerlo. Por ejemplo, yo una vez fui a una tienda a cinco millas de distancia. Mi bebé y yo teníamos mucho que ver en el camino, nos encontramos con una amiga, nos detuvimos para el almuerzo y tomamos el autobús al regreso. El mandado tomó horas, técnicamente, pero fue un dia bonito.

Hablar

Describe el mundo para el bebé en toda su riqueza. "Mmm, semillas de granada. ¿No son un color hermoso? Un color rojo oscuro, como rubíes." Cuenta las escaleras cuando las subes. Cuenta tu día. Di cualquier cosa y todo—habla un montón. Lee todos los días.

Habla en voz cantarina

La mejor manera de hablar con el bebé es acurrucarse muy cerca y utilizar una voz de tono alto y melodiosa con vocales alargadas.

Se llama "el idioma de los papás." En los primeros dieciocho meses, ayuda al bebé a escoger e imitar partes del lenguaje.

Eso es porque cada vocal y palabra se vuelve más clara, por lo que son más fáciles para el bebé de discernir. El tono más alto coincide con el rango limitado del tracto vocal mas pequeño del bebé—un cuarto del tamaño del tuyo.

No es lo que dices, sino cómo lo dices

Habla directamente con el bebé, uno a uno, cuando sea posible. Hazlo una conversación. (Toma turnos, haciendo pausas para permitir que el bebé responda con un arrullo, mirada o gesto).

En un estudio reciente, los bebés que escucharon más el "idioma de los papás" uno a uno se adelantaron a los demás en el desarrollo del lenguaje. Alrededor de la edad de 1 año, balbuceaban más que los bebés que escucharon menos el "idioma de los papás" uno a uno. Cuando los niños cumplieron 2 años, los padres marcaron una lista de 680 palabras (un inventario estándar) para informar cuántas palabras hablaron sus hijos.

Los bebés que habían escuchado el mas "idioma de los papás" uno a uno tenían más del doble del vocabulario de aquellos que habían escuchado lo menos: 433 palabras en comparación con 168 palabras.

Los bebés prefieren el tono del idioma de los papás a la habla de los adultos, según décadas de investigación:

- La frecuencia cardíaca de los bebés aumentó cuando oyeron el idioma de los papás, incluso en un idioma extranjero.
- A los 5 meses de edad, los bebés sonreían más en las aprobaciones y parecían preocupados en las desaprobaciones en el idioma de los papás.
- A los 12 meses de edad, los bebés que se les pidió que mirar una foto lo hizo con más frecuencia cuando se les preguntó en el idioma de los papás.

LA INVESTIGACIÓN

Los investigadores, dirigidos por Nairán Ramírez-Esparza y Patricia Kuhl, registraron conversaciones de 26 familias en sus hogares. (Por lo general, las familias son llevadas a un laboratorio, un entorno menos natural).

Registraron tramos de 8 horas en cada uno de los cuatro días. (Las discretas grabaciones fueron cortesía de LENA, una grabadora liviana que se inserta en el bolsillo de la camisa y viene con software de análisis del habla).

De modo que los investigadores tuvieron acceso a interacciones que los investigadores generalmente no obtienen, más la capacidad de estudiar el contexto social de cada interacción.

Lee un artículo de una revista a tu bebé, utilizando el mismo tono y velocidad que lo haría con tu pareja. Ve cómo reacciona tu bebé. (La mía intenta pellizcar mis labios cerrados.) Ahora lee de nuevo en el idioma de los papás. Es bastante divertido mirar al bebé a los ojos y decir, con ojos abiertos y una sonrisa, algo así como: "Por desgracia, los encuentros con los policías son siempre en los peores momentos de tu vida." Pero ¡observa como participa el bebé!

Habla un montón con tu bebé

Si tu bebé escucha un montón de habla en sus primeros tres años, tendrá una vocabulario más grande, un coeficiente intelectual más alto, y mejores calificaciones que los niños a los que no se hablan mucho.

¿Cuándo debes empezar? En las últimas diez semanas de embarazo. Los bebés empiezan a absorber el lenguaje, debido a que la voz de la madre reverbera a través de su cuerpo, antes de lo que los investigadores se dieron cuenta.

Habla elaboradamente

Simplifica una descripción o explicación, pero no hay necesidad de evitar el uso de las palabras correctas. La mayoría de las palabras son raros para un bebé, ¿verdad? En lugar de simplemente decir "Mira— ¡avión!", podrías decir "Eso es un hidroavión. ¿Ve cómo el avión tiene dos pies? Esos pies son llamados pontones. Los pontones dejan flotar el avión en el agua. Un hidroavión flota sobre el agua." (Para estas explicaciones, mi bebé responde sensiblemente: "Está bien, sí.")

Habla positivamente

Anima a tu hijo. "¡Guau! estás aprendiendo a verter la leche. Vaya, el agua se derramó. Sí, es difícil alinear las tazas. Vamos a limpiar eso. OK, vamos a intentarlo de nuevo, pon tu mano aquí. . ." Eso es más alentador que decír: "Deja que papá vierte eso. Vas a derramar."

Repite o reformula las palabras del bebé.
"¡Pelota! Sí, estás jugando con una pelota."

Da comentarios positivos.
Usa más "bueno" y "correcto" que "No," "Para" y "Malo." (Consulte la página 176.)

Da orientación educada en lugar de directivas.
"¿Puedes...?" y "¿Quieres...?" y "¡Gracias!

Habla directamente con el bebé

El discurso hablado que el bebé simplemente escucha no proporciona el mismo impulso en el dominio del vocabulario o lenguaje del bebé. Tampoco no le da ese impulso, el tocar audio o video de alguien hablando. El cerebro se electrifica con la interacción cara a cara, tanto es así que la presencia o ausencia de esa conexión social actúa como una puerta para el aprendizaje de idiomas.

Habla regularmente

Los niños a los que se habla más a menudo reciben una ventaja cerebral. Es útil tener lugares a donde ir y gente a quien ver, que te da un mundo de cosas para describir y explicar. (Consulte la página 45 para más ideas.)

Di cualquier cosa y todo

Recién nacido e infante

Se puede sentir un poco extraño hablar tanto a alguien que no contesta. Pero uno se acostumbra a eso.

Lee en voz alta. Un artículo periodístico, por ejemplo, da la oportunidad de ponerse al día en el mundo (Si puedes evitar que el bebé rasge el papel y se lo coma).

Explica lo que va a pasar al bebé. Los bebés entienden más de lo que crees, y ayuda si darles un poco de aviso antes de moverlos de un lado a otro. "Vamos a cambiarte el pañal. Aquí viene una toallita húmeda. Patas arriba. . . piernas hacia abajo." "Voy a ponerte tu sombrero, y luego vamos a caminar afuera." "Tu abuela va a visitarte hoy."

Narra tu día—lo que estás haciendo, viendo, pensando y sintiendo. Toma momentos para dedicarte a tu bebé con el contacto visual, una sonrisa, o un cosquilleo. Realmente no importa de lo que hables.

Ejemplos

Doblando la ropa: "Que bueno, dos calcetines a juego. *¡Dos calcetines a juego!* Estoy doblando las medias juntas para que no se pierdan. Allá vamos." "Que cobija tan caliente agradable." (Cubre la cabeza del bebé, y entonces la destapas.) "¿Dónde está el bebé? ¡Aqui esta el bebé!"

Salir a caminar: Habla acerca de dónde van hoy y lo que ven cuando pasan.

Vestir al bebé: "Vamos a ver, qué camisa vas a ponerte hoy? Soy parcial a ésta. ¡Sobre la cabeza!" (El bebé se voltea y menea.) "Ven aquí, pescadito. ¡No hemos terminado todavía!" (Mueve el bebé hacia ti con besos.) "El brazo izquierdo a través. El brazo derecho a través. Bueno, ¿Como eres lindo? ¡Como eres lindo!"

Hacer una botella: "Llenar. . . sacar. . . verter. . . torcer. . . agitar-agitar-agitar."

Niño

Una vez que el bebé es más activo, toda esta conversación se hace más fácil y, encontré, se siente menos tonta—incluso si no suena menos tonta.

Ejemplos

Simplemente describe todas las cosas impresionantes que el bebé está haciendo. "Has abierto el cajón. Has cerrado el cajón. Abrir. Cerrar. Abrir. Cerrar. ¡Buen trabajo! Estás tirando el cajón abierto. Estás empujando el cajón cerrado. Tirar. Empujar. Tirar. Empujar. Ah, una pluma. Encontraste una pluma en el cajón. ¡Tomaste la tapa de la pluma! Me quedo con eso...."

Explica cualquier cosa que le interesa al bebe. "Sí, eso es el casco de papá. CAS-co. Lo está poniendo en la cabeza. Esta amarrando la correa bajo la barbilla. Ahora puede montar con seguridad en su bicicleta."

Construye sustantivos en oraciones. "Tapa. Esta es una tapa. Una tapa va en cima de una olla. Puse la tapa en la parte superior de la olla. ¿Puedes poner la tapa en cima de la olla?"

Una vez que el bebé comienza a hablar, interactuar de esta manera se hace aún más divertido y increíblemente lindo. Antes de que te des cuenta, el bebé comienza a repetir todo lo que dices. Entonces, puedes enseñar al bebé a decir cosas que quieres oír. Nuestro bebé dice: "¡Papi corre rápido!" y "¡Vaya, Banda, vaya!"

¿Qué situaciones vas a narrar al bebé?

¡¿2100 palabras por hora?!

LA INVESTIGACIÓN

Betty Hart intentó todo lo que podía pensar para mejorar el vocabulario de los niños de 4 años en el preescolar de bajos ingresos donde ella enseñaba.

No podía hacerlo. Finalmente, ella y Todd Risley, su supervisor de posgrado en la Universidad de Kansas, descubrió que, a los 4 años, ya era demasiado tarde.

Ellos querían saber por qué.

Así, siguieron a cuarenta y dos familias y registraron cada palabra que dijeron, durante una hora al mes, por más de dos años y medio.

Se necesitaron seis años para transcribir los resultados 1300 horas de cintas. Hart y Risley luego analizaron las diferencias en la forma en que los padres ricos y pobres hablan con sus hijos. Estudiaron la calidad de la conversación desde muchos ángulos: ¿La mezcla de nombres y verbos importa? ¿El nivel de vocabulario? ¿Ya sea que la charla fue positiva o negativa?

El número de palabras resultó ser la variable más interesante:

- Un niño en una familia con beneficios sociales oyó un promedio de 600 palabras por hora, mientras que un niño de una familia profesional oyó 2100 palabras por hora.
- A los 4 años, los niños de padres profesionales habían oído cuarenta y ocho millones palabras dirigidas a ellos; los niños de familias pobres habían oído trece millones. No es extraño que los niños pobres estaban detrás en la adquisición de vocabulario y lenguaje—diferencias que afectaban a sus capacidades educativas posteriores.
- Sus conocimientos de idiomas a los 3 años predijeron sus habilidades lingüísticas a los 9 o 10 años.

¿Cuánto es el "montón de hablado" que el bebé debe escuchar para tener un vocabulario más grande, un coeficiente intelectual más alto y mejores calificaciones? Los investigadores encontraron que es 21.000 palabras al día, o 2100 palabras por hora. Parece desalentador? Eso pensé al principio.

Pues, resulta que 2100 palabras por hora no significa una corriente de charla constante. Es unos quince minutos de hablar una hora.

Los padres también tienden a hablar en trozos promediando de sólo cuatro palabras: "Hola, hermosa bebé." "¿Quién está en el espejo? ¿Eres tu?" "¡Ups! mamá olvidó sus llaves." "¿Dónde están tus zapatos?" Frases simples—ellas cuentan. Estos padres no estaban hablando de la teoría de la relatividad.

En el estudio, familias profesionales usaron un promedio de 487 de estas expresiones por hora. Las familias de bajos ingresos usaron un promedio de 176 por hora.

¡Explosión de Vocabulario!

Edad	Niño promedio puede entender
1½ años	100 palabras
3 años	1,000 palabras
6 años	6,000 palabras (sólo falta 44.000 más...)

UNA PEQUENA PRUEBA POR EL LAVABO: 60 PALABRAS TOMAN 26 SEGUNDOS

Bueno, vamos a lavarnos las manos. Este es el agua fría. No, eso es el agua caliente. Vamos a poner un poco de jabón en la palma de tu mano. Sí, frota, frota, frota. Estás frotando las manos juntas. Veo un montón de burbujas. Vamos a lavar el dorso de las manos. Bueno. ¡Ya es tiempo para enjuagar! Frota, frota, frota bajo el agua. Muy bien, sequemonos las manos.

Lean juntos

Mira las palabras en la página y digales en voz alta. Así es como se lee un libro a un niño, supuse. Nop.

Bebés que no hablan

Antes de 6 meses

Piensa en la "lectura" más como explorar el concepto de los libros. Lean libros de cartón grueso, y deja que el bebé muerda las esquinas. O lee en voz alta la revista o novela que te gusta en el momento (o te gustaba antes del bebé). De esta manera, le expones al bebé a los sonidos del lenguaje y obtienes un descanso de "todas las cosas de bebé."

6 a 12 meses

Habla acerca de los dibujos. Anima al bebé a señalar: "¿Dónde está la flor amarilla?" Deja que el bebé pase las páginas y siente las texturas. Al bebé no le importa mucho de lo que se trata en este punto. No pienses que tienes que terminar el libro.

12 a 18 meses

Conectate al bebé con lecturas dramáticas, diferentes voces, expresiones grandes y gestos. Cuando una abeja hace "zumbido" puedes hacer el sonido y venir cerca para darle un beso. Cuando un personaje se va rápido o lento, puedes utilizar tus dedos para gatear o correr hasta el vientre del bebé.

Lean juntos todos los días, aunque sólo sea por cinco o diez minutos.

Encuentra un libro ilustrado con pocas palabras. Por ejemplo, en Good Night, Gorilla, cada página dice poco más de "Buenas noches." Flotsam no tiene palabras en absoluto. Sin una narración escrita, tienes que inventar una historia basada en las imágenes.

Bebés que hablan

1 año y medio a 3 años

Ayuda a tu hijo a convertirse en el narrador. Cada vez que lees el mismo libro, lee menos tú mismo, y deja que tu hijo hable más. Tu señala, nombra objetos y haz preguntas. Un estudio encontró que las habilidades de lenguaje oral de los niños mejoraron, después de quince semanas de este estilo interactivo de la lectura.

"The Stony Brook Reading and Language Project" (Proyecto Stony Brook de lectura y lenguaje), dirigido por el investigador Grover Whitehurst, desarrolló la "secuencia PEER" para resumir el intercambio bastante natural y breve:

- **PROVOCA a tu hijo a decir algo sobre el libro:** "¿Qué es este?" (señalando a las aves)
- **EVALUA la respuesta de tu hijo:** (el niño dice "pájaro") "¡Eso es!"
- **EXPANDE la respuesta de su hijo,** reformulando o añadiendo información a la misma: "Es un mirlo."
- **REPITE un mensaje acerca de la expansión:** "¿Puedes decir mirlo?"

Cuando el bebé comienza a hablar, invitarle a nombrar objetos. "Qué es eso?"

Más tarde, preguntale qué, cuándo, dónde y por qué: "¿Cuándo salga la luna?" "¿A dónde van todos los animales?" "¿Qué hace ese gorila astuto?"

A medida que tu hijo es capaz de responder a esas preguntas, haz preguntas abiertas: "¿Que pasa en este dibujo?"

Utiliza la secuencia PEER en casi todas las páginas, Whitehurst dice, después de haber leído el libro una o dos veces.

»

«

1 año y medio a 3 años

Lean libros del alfabeto y rimas. Ambos enseñan a los niños sobre los fonemas, los sonidos de las letras. Elije libros del alfabeto que muestran varias cosas que comienzan con la misma letra ("C es un cangrejo en la cocina") y libros de rimas ("En la cuna, hay una luna"). Mientras estás leyendo, pausa para que tu hijo pueda terminar la frase: "¡Salta hasta la rama mas alta! ¡Sube hasta tocar una _____ [nube!] ¡Vuela que mañana no hay ______[escuela!]."

Pronuncia las palabras, sílaba por sílaba. Esto ayuda a los niños a vincular las letras y sus sonidos, necesarios para decodificar las palabras y para la ortografía. En esta etapa, el niño aprende a nombrar una letra y hacer el sonido de esa letra, puede decirte una palabra que rime con otra palabra y sabe que has dicho "tu" si haces los sonidos "t" y "u."

4 a 5 años

Haz que tu hijo lea en voz alta. Da comentarios explícitos y dirección en el camino. Esto mejora significativamente el reconocimiento de palabras, fluidez y la comprensión—tanto para los buenos y no tan buenos lectores, y en todas las edades.

Relaciona un evento en la historia a la vida real: "Vimos un barco ayer, ¿no?" "¿Recuerdas la última vez que te frustró así?"

Haz preguntas acerca de la historia mientras lees. Vuelve a leer partes que tu hijo no entendió. Después de la historia, o antes de leerlo una vez más, haz una pregunta sobre la trama: "¿Acaso Franklin quiere un perro como mascota? ¿Cómo reaccionaron sus padres?" Pidele a tu hijo que haga sus propias preguntas sobre el cuento. La investigación sugiere que la conversación durante la lectura es más importante que la lectura sí misma.

¿POR QUÉ LEER?

La lectura no es sólo agradable, es necesario. Abre nuestras mentes a nuevas ideas y posibilidades; nos informa y, a veces, nos inspira. Es una manera preciosa para que tu y tu hijo se unan.

La lectura también presenta la mejor oportunidad de aprender nuevas palabras. No estamos muy expansivos cuando hablamos. Los libros para niños tienden a usar casi el doble de palabras inusuales que los adultos con educación universitaria usan en una conversación. Un vocabulario más amplio ayuda a los niños con las tareas escolares, ya que pueden dedicar más tiempo a la comprensión de lo que están leyendo y menos tiempo decodificando las palabras que están leyendo.

El camino para criar a un lector ávido—un estudiante de quinto grado que lee veinte minutos al día fuera de la escuela en comparación con el promedio de cinco minutos al día—es hablar y leer un montón con tus hijos. Pero entre los padres cuyo hijo menor tiene 5 años o menos, sólo el 60 por ciento leen con sus hijos todos los días. Es difícil de hacer si los padres trabajan a tiempo completo o tienen más de un hijo, los padres nos informan.

Una buena manera de crear tiempo? Apaga el televisor (página 150).

Di, "Trabajaste tan duro!"

Cuando nuestros hijos nos impresionan, nuestros elogios caen en una de estas categorías:

1. "Buena carrera!" (elogio que se centra en el esfuerzo, las estrategias o los acciones)
2. "Eres un gran corredor." (elogio que se centra en los rasgos personales)
3. "Guau!" (cualquier otro tipo de estímulo positivo)

¿Cuál animara más a tu hijo a amar el aprendizaje, saborear un reto y trabajar más duro en la escuela? Número 1, llamado "elogio de proceso." Es importante incluso cuando el bebé tiene sólo un año de edad.

Por qué algunos niños perseveran

Carol Dweck de Stanford ha estado estudiando la motivación y perseverancia desde la década de 1960. "¿Por qué algunos estudiantes pierden motivacion cuando se encuentran con dificultades, mientras que otros que no son más hábiles continúan a esforzarse y aprender?", se preguntó en un artículo en la revista Scientific American (cientifico americano).

Descubrió que depende en las creencias de los estudiantes acerca de por qué fracasaron: por qué no hicieron correctamente este problema de matemáticas o no tocaron bien ese pieza de piano. Y la manera en que los niños son elogiados tiene un papel profundo en la creación de esas creencias.

Los niños caen en una de dos categorías:

- Los que tienen una mentalidad fija, que creen que sus éxitos son el resultado de su talento innato o inteligencia
- Los que tienen una mentalidad de crecimiento, que creen que sus éxitos son el resultado de su trabajo duro

Los niños con una mentalidad fija creen que la inteligencia con que naciste, es la que tendras por siempre. Ellos estarían de acuerdo con esta afirmación: "Si tienes que trabajar duro, no tienes capacidad. Si tienes la capacidad, las cosas vienen naturalmente." Cuando fallan, estos niños se sienten atrapados. Empiezan a pensar que no deben ser tan talentosos o inteligentes como todo el mundo ha estado diciendo. Evitan desafíos, temerosos de que no se verán inteligentes.

¿Que crea una mentalidad fija? Elogio de rasgos personales, o "elogio a la persona."

Los niños con una mentalidad de crecimiento estarían de acuerdo con la afirmación: "No importa quién seas, puedes cambiar tu nivel de inteligencia." Decirían que la inteligencia es algo por lo que tienes que trabajar; no solo se te da. Esto les da la voluntad de perseverar a través de un desafío. Su definición de éxito no es probar que eres inteligente, sino mejorar a ti mismo.

En la mentalidad de crecimiento, los errores y los fracasos no te definen. En lugar de "Soy un fracaso", es "Esta idea o estrategia falló." Hay un camino hacia el éxito, y se trata de hacer más esfuerzos.

¿Adivina qué niño va a aprender más? Como se puede imaginar, cualquiera de las vistas afecta profundamente el éxito de los niños a medida que progresan en la escuela y la vida.

Alabanza vs. reconocimiento

¿Qué crea la necesidad del niño con mentalidad fija de obtener aprobación externa? Alabanza.

"La alabanza es una opinión", dice el entrenador de padres Sandy Blackard, "que los niños con frecuencia escuchan como una expectativa. Se trata más del adulto que del niño."

¿Qué crea el fuerte sentido de sí mismo del niño con mentalidad de crecimiento? Reconocimiento. Es decir, describiendo lo que hizo tu hijo y nombrando una fortaleza (vea la página 176). "El reconocimiento te permite alentar a los niños sin presión o expectativa porque les da pruebas de que la fortaleza ya está presente", dice Blackard. "El reconocimiento tiene que ver con el niño, no con tigo."

»

«

Cómo alentar a los niños

¿Cómo podemos alentar a nuestros hijos, pero de una manera que les da un fuerte sentido de sí mismo en lugar de la necesidad de buscar la aprobación externa?

Siga Language of Listening® (el Lenguaje de Escucha) de Sandy Blackard (vea la página 176). Diga lo que ves que tu hijo hace, dice, siente o piensa. Nombra una fortaleza. "Tienes el recipiente abierto. Eso es persistente." "Me preguntaste si me gustaría un bocado. Eso es considerado." "Escogiste tu ropa. Tú sabes lo que te gusta."

Cuanto más puedas señalar una fortaleza, incluso en una situación menos que ideal, cuanto más desarrolles a tu hijo.

Ideas para palabras fuertes de Blackard:

Palabras de hacer

Capaz, cuidadoso, considerado, cooperativo, avisador de peligros, confiable, justo, amigable, divertido, generoso, amable, orientado a los objetivos, servicial, amable, observador, organizado, paciente, atento, persistente, solucionador de problemas, ingenioso, responsable, ordenado.

Palabras de decir

Asertivo, directo, honesto, cortés, respetuoso, discreto

Palabras de sentimiento

Cariñoso, valiente, atento, compasivo, seguro de sí mismo, empático, enérgico, inspirador, intuitivo, alegre, optimista, poderoso, sensible

Palabras de pensamiento

Aprecio, consciente, inteligente, contemplativo, creativo, curioso, decidido, perspicaz, saber lo que necesita, saber lo que quiere, planificador, reflexivo

Dos maneras de plantar una mentalidad de crecimiento

Elogia el esfuerzo

Personalmente, me parece que elogiar el esfuerzo requiere esfuerzo. Mi primer pensamiento reflexivo al presenciar un acto impresionante del bebé es dar elogio personal: "¡Guau! eres tan bueno en eso!" (Aunque me gustaría que no fuera tan bueno en eso. Por ejemplo, "¡Guau! ¿cómo subiste al inodoro, luego te subiste al mostrador, te sentaste con los pies en el lavabo, abriste el grifo, y cogiste un poco de jabón?")

No estoy sola. Alrededor del 85 por ciento de los padres con niños pequeños encuestados por Dweck estuvieron de acuerdo con esta afirmación: "Hay que elogiar la capacidad de los niños cuando realizan bien una tarea para que se sientan que son inteligentes." Dweck piensa que este sentimiento podría ser la razón por que la mayoría de los padres, incluso los que tienen una mentalidad de crecimiento, tienden a dar "elogio personal."

Así que repite después de mí: elogia esfuerzo, no la capacidad.

Da lecciones cerebrales

Enseña a su hijo que el cerebro es como un músculo: cuanto más lo usas, más fuerte se vuelve. La forma de ejercitarlo es prácticar habilidades y aprender nuevas cosas.

Nunca es demasiado tarde para renovar las conexiones en el cerebro. Estudiantes de secundaria y universitarios con mentalidad fija fueron capaces de mejorar académicamente cuando se les enseñó esta lección.

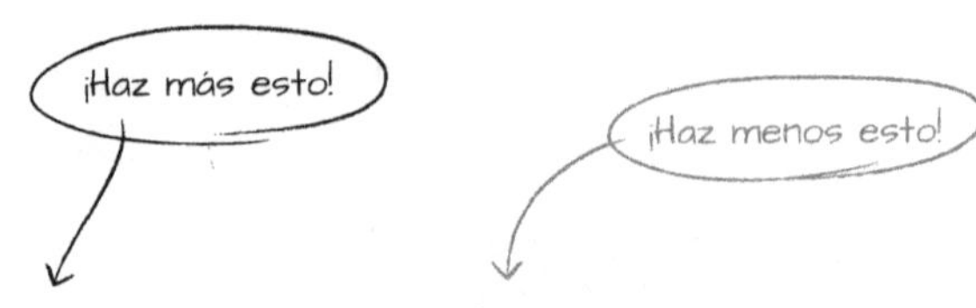

Reconocimiento	Alabanza
"Seguiste intentando, y luego lo tuviste."	"¡Tu eres tan inteligente!"
"Lo resolviste."	"¡Qué gran chico!"
"Ooh, líneas y remolinos. ¡Estás orgulloso de tu dibujo!"	"Eres muy bueno en dibujar."
"Eso te pareció fácil; parece que estás listo para algo más desafiante."	"Wow, tienes una A sin siquiera estudiar."
"Hiciste lo mejor que pudiste. No te rendiste."	"Lo hiciste mejor que nadie." ¡Estoy tan orgulloso de ti!"
"Mira lo lejos que has llegado. ¡Puedes hacerlo!"	"Con más trabajo, es posible que lo hagas bien."

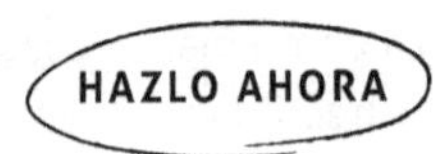

Mira un video de reconocimiento en acción en www.zerotofive.net/bonuses.

LA INVESTIGACIÓN

¿De dónde vienen las mentalidades de los niños?

La investigadora de Stanford Carol Dweck hizo un estudio con alumnos de quinto grado. Los dividió al azar en dos grupos, y los hizo trabajar en los problemas de un test de inteligencia. Ella entonces le dijo al primer grupo:

"Guau, eso es una muy buena puntuación. Ustedes deben ser inteligentes en esto."

Ella le dijo al segundo grupo:

"Guau, eso es una muy buena puntuación. Deben haber intentado muy duro."

Ella continuó probando a los niños. Niños elogiados por su esfuerzo fueron más propensos a tomar la tarea más difícil, cuando se les presenta una elección. Ellos tenían más probabilidades de seguir sintiéndose motivados para aprender, y para mantener su confianza cuando los problemas más difíciles llegaron.

Niños elogiados por su inteligencia solicitaron la tarea más fácil, perdieron su confianza cuando los problemas se hicieron más dificiles, y eran mucho más propensos a aumentar sus resultados de las pruebas al relatar ellos.

Más tarde, Dweck y sus colegas mudaron el estudio del laboratorio hasta el hogar. Cada cuatro meses por dos años, investigadores de Stanford y la Universidad de Chicago visitaron a cincuenta y tres familias y les agrabaron durante noventa minutos, mientras se dedicaban a sus rutinas habituales. Los niños tenian 14 meses de edad al inicio del estudio.

Luego, los investigadores calcularon los porcentajes de elogio de proceso, elogio personal y otros typos de elogio utilizados por los padres. (A los padres se les dijo que estaban participando en un estudio del desarrollo del lenguaje infantil, no de elogio específicamente.)

Pasaron cinco años. Los investigadores empezaron a hacer preguntas a los niños, ahora de 7 a 8 años de edad, a cerca de sus actitudes hacia los retos y el aprendizaje. Un ejemplo: "¿Te gustaría hacer laberintos que son muy difíciles para poder aprender más acerca de hacer laberintos?" Los niños con una mentalidad de crecimiento tendieron a ser más interesados en los desafíos.

¿Qué niños tenían una mentalidad de crecimiento? Los que habían oído más elogios de proceso cuando eran niños pequeños.

Enseña el lenguaje de señas

¿No sería agradable si el bebé podría decirte sus necesidades antes de que él sea capaz de hablar? Oh, pero si puede.

En primer lugar, tu aprende un puñado de señas relevantes para el bebé. Por ejemplo, lal seña de "leche" se ve como apretar una ubre de vaca. "Más" es tocando las puntas de todos los dedos y pulgares juntos. Luego, entrenas al bebé a hacer las señas también.

De esta manera, tu bebé puede comunicarse sus necesidades meses antes de que pueda hablar sobre ellas. O puede ayudarte a entender lo que esta hablando tan linda pero indescifrablamente.

Mucha menos frustración

Como te puedes imaginar, ser capaz de comunicarse (y ser entendido) reduce mucho el llanto y gimientos del bebé.

Los investigadores creen que hacer señas ayuda a prevenir los problemas de comportamiento relacionados con retrasos en el lenguaje, en particular entre los niños con retrasos en el desarrollo o discapacidades sensoriales.

Algunos padres han escuchado que aprender a hacer señas retrasará a la habla del bebé, pero no hay evidencia para apoyar esa idea.

Dos maneras de enseñar al bebé

Unos amigos y yo tomamos una clase en el lenguaje de señas para los bebés. Aprendimos docenas de señas: para los alimentos y los animales, "mamá" y "papá", "caliente" y "frío", "hambre" y "sediento", "más" y "todo hecho", "juego" y "sueño", " daño" y "dónde", "por favor" y "gracias."

Es posible que un bebé de tan sólo 6 meses de edad pueda hacer señas después de seis semanas de entrenamiento. Nuestros bebés no eran tan rápidos. Tal vez es porque solo hicimos las señas cuando dijimos las palabras—"algo que hacemos por diversión" mas que "formación." Para enseñar al bebé de la manera que lo hacen los investigadores, usaras la teoría operante acondicionado. Suena sofisticada. Funciona así:

Digamos que es hora de la merienda y sacaz trozos de pera. Dale uno al bebé y haz la seña de pera. Entonces, sigue estos pasos:

1. Muestra otro pedazo de pera y espera cinco segundos para que él haga la seña.
2. Si no lo hace, haz la seña tú. De nuevo espera cinco segundos para que él haga la seña.
3. Si no lo hace, usa sus dedos con tus manos para formar la seña. Dale la pera.
4. Haz tu la seña de nuevo.
5. Repite. (Los investigadores hacen asi en sesiones de cinco minutos varias veces al día.)

Si el bebé hace la seña solo, dale la pera y di "¡Sí! Así es: ¡pera!"

Tan pronto como el bebé hace la seña de vez en cuando dentro de los cinco segundos, aumenta el retraso a diez segundos. Entonces veinte segundos. Este retraso progresivo sólo es para el primer paso. El segundo paso se queda a cinco segundos: una vez que modelas la seña, ayuda al bebé a hacer la seña cinco segundos después.

No intente ensenarle el lenguaje de senas a mi bebe formalmente. Pero mi método relajado, que tomó cerca de cuatro meses, aún funcionaba. Debo decir que era muy genial cuando mi bebé hizo la seña por "leche" o "baño" antes de que pudiera decir las palabras. Y me encantó poder pedir al bebé que haga la seña "por favor" en lugar de lloriquear "UNH! UNH! UNH!" cuando sintió la necesidad desesperada de sacar las arándanos de mi avena.

DONDE APRENDER SEÑAS PARA EL BEBÉ

- Toma una clase en tu biblioteca o centro comunitario.
- *Sign with Your Baby*, por el investigador Joseph Garcia, es un programa popular de DVD basado en el lenguaje de señas americano.
- Sign2Me hace un CD de canciones pegadizas llamadó "Li'l Pick Me Up!" que ayuda a recordar las señas. (Mis favoritos: "más leche", "Por favor Cambia mi pañal", "A veces cuando tengo hambre" y "Dije ¡Ay!")
- "First 100 Signs" de ASL University son buenos para el bebé: lifeprint.com

Vocabulario mas grande, mejor memoria

Varias décadas de investigación sobre el lenguaje de señas apuntan a los beneficios para los niños con audición normal. En varios estudios, los niños en preescolar, kinder o primer grado estudiaron el lenguaje de señas americano por un año académico. Los resultados son interesantes:

Un salto en el vocabulario. Los niños de kinder saltaron al equivalente de un vocabulario de segundo grado.

Mejores lectores. Los niños de kinder obtuvieron puntaje más alto en las pruebas de nivel de lectura.

Los niños recuerdan las palabras por más tiempo. La memoria a corto plazo de los niños preescolares fue un poco mejor.

Los niños aprenden las señas rápida y fácilmente. Un lenguaje que utiliza gestos y cosas visuales funciona bien para los niños pequeños, cuyo control sobre sus manos y ojos se desarrolla más rápido que el control de su voz y el habla.

La cognición visual-espacial mejora. Estos son los procesos que utilizamos en identificar un objeto visualmente, en la búsqueda de patrones, en hacer representaciones mentales y en rotación y orientación—aptitudes que un ingeniero o arquitecto usaría.

A los niños les encanta. Están entusiasmados con el aprendizaje, pidiendo más señas. (Ellos también se comportan mejor en el aula, segun los maestros, porque los niños deben prestar atención.)

Los beneficios duran. Las ganancias en el vocabulario eran todavía evidentes tres años más tarde, a pesar de que los niños no habían tomado nuevas clases de señas.

- *Empieza por aprender las señas que utilizarás más con el bebé; no te sumerjas en la abrumadora tarea de aprender un idioma entero.*
- *Haz señas en tantas situaciones como te sea posible. Nuestro profesor quería que usaramos regularmente una docena de señas en el primer mes.*
- *Combina señas tan a menudo como puedas: "¿Comes más pasta?" en lugar de sólo "pasta."*
- *Se paciente. Parece una eternidad para que el bebé empiece a hacer señas, por lo que es fácil de renunciar o estresarte al respecto.*
- *Esta atenta a la versión personalizada del bebé de tus señas. (La versión de mi bebé de "por favor" era poner ambas manos sobre su vientre y pasarlos a sus lados, en lugar de la seña adecuada, que es dar la vuelta con una mano en su pecho.)*

Planifica citas de juego en un segundo idioma

Los padres que quieren criar a un bebé bilingüe encuentran que, a pesar de sus mejores intenciones, el trabajo no es tan claro.

Los enfoques más comunes son "un padre, un idioma" (mamá habla su lengua materna para el bebé, y papá hace lo mismo) y "casa/comunidad" (padres hablan un idioma en casa, incluso si eso no es la lengua materna de ambos padres , y el bebé toma la segunda lengua fuera del hogar).

Ambas estrategias aseguran que el bebé entienda un segundo idioma. Pero el niño a menudo se niega a hablar el segundo idioma. La llave?

Reafirma el lenguaje fuera de la familia, dice el investigador FranÇois Grosjean. Obten ayuda de niñeras, lectura de cuentos de la biblioteca, eventos comunitarios y preescolares de inmersión—y especialmente citas de juego.

Eso es porque, para motivarse a conservar un lenguaje, los niños necesitan ver su uso claro. Amigos que hablan ese idioma presentan una muy buena razón.

La interacción social activa el aprendizaje

La investigadora Patricia Kuhl, de la Universidad de Washington, se preguntó si los bebés de 9 meses de edad pueden aprender un idioma que nunca habían oído. Los bebés, cuyos padres sólo hablaba inglés, leyeron libros y jugaron con hablantes de mandarín tres veces a la semana, durante veinticinco minutos a la vez, por cuatro semanas. Entonces Kuhl utilizo tecnología de imagen no invasiva para evaluar la actividad cerebral de los bebés mientras oían sonidos en mandarín. Por lo menos un mes después, los bebés de este estudio eran tan buenos en entender las vocales y consonantes del mandarín como bebés nacidos en Taiwan.

Pero sólo si los bebés escucharon el lenguaje de un ser humano real en vivo.

Presentado con la TV o una cinta de audio en mandarín, los bebés no aprenderon nada. Más allá de los 2 años, los niños son más capaces de aprender de pantallas (ver página 150), aunque la interacción social es aún mejor.

»

«

Siendo bilingüe beneficia al bebé

Los padres a menudo temen que el aprendizaje de varios idiomas retrasará las habilidades de lenguaje del bebé, pero no hay evidencia para apoyar esa idea. Niños monolingües y bilingües alcanzan hitos lingüísticos dentro del rango esperado, según estudios. También es natural para un bebé bilingüe alternar entre lenguas en una sola frase. Llamado "el cambio de código", no es un signo de retraso en el lenguaje o de confusión.

Por el contrario, ser bilingüe es bueno para el cerebro del bebé. En comparación con los bebés monolingües, bebés bilingües

- **permanecen abiertos a aprender más.** Sus cerebros son todavía capaces de detectar los sonidos contrastantes de idiomas a las 10 a 12 meses de edad, delante de la ventana habitual de 8 a 10 meses de edad.
- **son mejores para cambiar de marcha mentales.** Cuando escuchamos el comienzo de una palabra, nuestros cerebros comienzan inmediatamente a adivinar el resto de la palabra. Para los bilingües, los dos idiomas se activan cada vez que oyen una palabra. Cambiando constantamente entre idiomas da a los bebés un entrenamiento cognitivo. Toda esa práctica mejora la capacidad del cerebro para controlar su entorno y para cambiar entre conjuntos de reglas en situaciones no relacionadas con el lenguaje. Por ejemplo, en un estudio de bebés bilingües y monolingües de 7 meses de edad, los investigadores tuvieron un sonido que señalaba la llegada de una marioneta, que apareció en un lado de una pantalla. Cuando oyeron el sonido, los dos grupos de bebés pronto miraron a ese punto en la pantalla en la anticipación. Entonces la marioneta comenzó a aparecer en el otro lado de la pantalla. Los bebés bilingües cambiaron rápidamente a buscar a la espera en la nueva ubicación. Los bebés monolingües no lo hicieron.
- **son más creativos.** Cuando se les preguntó que dibujaran una flor fantástica, niños bilingües de 4 y 5 años de edad dibujaron híbridos como una flor cometa, mientras que los niños monolingües dibujaron flores con pétalos u hojas faltantes.
- **son más precisos y más eficientes en las tareas que prueban la función ejecutiva.** Se les pidió a los niños que reproduzcan patrones de bloques de colores, que repitan una serie de números en voz alta, que definan palabras y que resuelvan problemas de matemáticas en sus cabezas. Los niños bilingües tuvieron "significativamente más éxito." Estos rompecabezas mentales prueban un conjunto de habilidades llamadas funciones ejecutivas, lo que nos permite planificar y priorizar (página 116).

Una lengua para ti, dos para el bebé?

Si usted no es bilingüe, pero con la esperanza de criar a un bebé que es, un enfoque es encontrar a una niñera que hablará sólo ese lenguaje con el bebé. Si eso significa que no puedes comunicarte fácilmente con la niñera, usa, translate.google.com junto con la traducción ocasional de un amigo. Aprende por lo menos un poco de la lengua tú mismo. (No sé mucho mandarín, pero me alegro de saber que la súplica de la bebé para lán méi significa arándanos.) Entonces planifica aquellas citas de juego.

No hay una buena guía para la cantidad de exposición que es "suficiente." Por un lado, es casi imposible que los padres estimen cuántos minutos de cada lengua su niño oye en un día. Pero clarificar sus propias metas para el bebé—fluidez, o simplemente exposición—les ayudarán a guiar su enfoque.

Los investigadores saben que lo mejor es empezar temprano. Hasta los 7 años, los niños son capaces de lograr la fluidez en una segunda lengua similar a la de un hablante nativo. Después de los 7 años de edad, el nivel de fluidez que se puede lograr cae de pico. Por supuesto, las personas aprenden idiomas más tarde en la vida, pero a través de diferentes mecanismos cerebrales y con un nivel menor de fluidez.

BUENO A SABER

Familias bilingües dicen que es más difícil de lo que esperaban ser consistente en cuanto a hablar un solo idioma con el bebé. Un padre puede sentirse más cómodo hablando de trabajo en inglés y de ocio en español, y así esta bien cambiar entre los dos. Si los amigos vienen a cenar y todos hablan un idioma, ambos padres van a hablarlo. Como siempre, hay teoría y luego está la práctica. Tienen que hacer lo que funciona para ustedes

Dormir, comer y orinar

Sí, el bebé tiene que aprender cómo hacer todo. Un sano sentido del humor ayuda.

Proteje tu sueño

Parece muy simple: simplemente dormir cuando el bebé duerme!

Bueno, no es fácil tener tantas cosas que quieres hacer y ningún otro tiempo para hacerlas, pero es casi tu única opción. Conseguir una buena cantidad de sueño podría salvar tu trabajo y tu matrimonio, por no hablar de tu cordura.

La privacion de sueño es una mierda

- La pérdida de sueño perjudica una serie de habilidades cognitivas: tu habilidad para regular las emociones fuertes, para encontrar la palabra adecuada para comunicarte, para ver la perspectiva del otro, para mantener las cosas en tu memoria, para reaccionar con rapidez. Esto comienza a suceder después de sólo dos semanas de haber recibido seis horas de sueño por noche.
- Las parejas son más a menudo hostiles entre sí después de que llegue el bebé, por lo que es más difícil crear un ambiente en el hogar emocionalmente estable (ver página 26).
- La pérdida crónica de sueño y la depresión están estrechamente relacionados.

Deja todo

Desde el momento que llega el bebé, deja de chequear el correo electrónico, ejecutar tus mandados, trabajar en tus aficiones, ver tus programas de televisión, publicar en línea a menudo y en realidad casi todo lo demás en tu vida anterior. En las primeras semanas, centrate en la alimentación de tu bebé, dormir y dejar que tu cuerpo se cure. Las otras cosas pueden venir más tarde. Si tu pareja no puede tomar un permiso de trabajo, encuentra a un pariente o amigo que pueda permanecer contigo por un tiempo, para cuidarte y los quehaceres de la casa mientras te recuperas. Sí, tu tienes que ser cuidada también.

Ve a la cama (¡oh!) temprano

Sin importar lo tarde que te acuestes, el bebé probablemente va a levantarse a la misma hora cada mañana. Así que haz los cálculos. Si el bebé generalmente se despierta a las 6:00 am, y está despierto durante noventa minutos en la noche, y tu te sientes mejor con ocho horas de sueño, ve a la cama a las 8:30 pm. "Pero", argumentas, "¿cómo voy a hacer esto o aquello? ¿Cómo voy a tener tiempo para mi sola?" No lo harás. El sueño es más importante en este momento.

Si es posible, programa la hora de dormir con tu pareja y comparte las tareas en mitad de la noche. Por la mañana, el bebé generalmente querrá tomar una siesta de noventa minutos después de despertarse, y quizás también deberías hacerlo. Cuando sea necesario, ten a alguien en la familia—amigo, vecino, doula, niñera—para cuidar al bebé mientras te pones al día con el sueño. Dicen que se necesita una aldea. Eso empieza ahora.

En las primeras semanas, ve a la cama temprano y no te levantes— quiero decir, no te duches y vistas y decidas que estás lista para el día—hasta que hayas acumulado ocho horas de sueño

Defiende el sueño del bebé, también

El sueño es vital. Los bebés que duermen bien están en mejores condiciones para consolidar la memoria, enfocarse y adaptarse. Se frustran menos fácilmente, son menos irritables y son menos exigentes.

Una de las mejores cosas que puedes hacer desde el principio es no mantener despierto al bebé demasiado tiempo durante el día. Los nuevos padres inadvertidamente lo hacen pasar por alto (o ignoran) los signos soñolientos del bebé y mantienen al bebé en un ambiente que es demasiado estimulante.

Lamentablemente, los bebés no duermen simplemente porque están cansados. El bioritmo que regula nuestros ciclos de sueño-vigilia sólo reduce el estado de alerta; no fuerza el sueño. Así que ayuda al bebé: crea condiciones favorables (poca luz, calma, una cama o un paseo) en momentos favorables (cuando el bebé tiene sueño).

Encuentra el tiempo preciso para el bebé

Los recién nacidos no están despiertos mucho, pero cuando lo son, no deben ser más de cuarenta y cinco minutos a la vez. A partir de 6 semanas hasta los 6 meses de edad, el bebé quiere quedarse despierto noventa minutos mas o menos (puede variar por treinta minutos en cada dirección). Entonces, hasta el 1 año de edad, la ventana aumenta gradualmente a tres horas.

Para encontrar la sincronización de tu bebé, busca las señales soñolientas: frotamiento de los ojos o oídos, la mirada perdida en la distancia, cada vez menos coordinacion y molestosito. Si ves estos signos de tu bebé, ayudale a dormir. Algunos bebés son buenos en mantener sus párpados abiertos; si es así, un berrinche es un signo seguro que bebé necesitaba dormir.

Los tiempos despiertos se alargan a medida que el cerebro madura, y que señales ambientales (como la luz del día) y señales sociales (como el ritmo diario de su familia) contribuyen.

Otros consejos para la sincronización

Sólo los tontos se apresuran. Los nuevos padres a menudo vienen corriendo al primera ruido del bebé durante la siesta. Pero los bebés pasan los primeros veinte a cuarenta minutos en "el sueño activo", antes de caer en un "sueño tranquilo" más profundamente a unos sesenta minutos. En el sueño activo, los bebés pueden suspirar, llorar un poco, sacudirlas extremidades o incluso abrir los ojos. Se despiertan más fácilmente durante el sueño activo. El bebé puede volver a dormirse o permanecer dormido, si esperas y escuchas en lugar de ir a verlo. No tengas prisa de mover al bebé, incluso, durante el sueño activo. Si el bebé se queda dormido en el pecho, o mientras rebota con el papá, sigue así hasta que el bebé este en el sueño tranquilo. Luego, traslada al bebé a la cama. Después de todo ese trabajo de calmar al bebé para dormir, realmente no quieres que se despierte estallar el segundo que le acuestas en la cuna. (Preguntame cómo lo sé.)

Ayuda al bebé en la transición. Después de un ciclo de sueño activo más sueño tranquilo, el bebé se despierta o empieza otro ciclo. Algunos bebés pasan fácilmente la transición entre el sueño activo y tranquilo (probablemente los bebés que consideramos como "buenos durmientes"). Algunos no lo hacen. Si el bebé se despierta demasiado rápido después de la siesta, trata de calmarlo para que vuelva a dormir.

Dejale. Si ayudar al bebé a dormir la siesta es una lucha enorme, renuncia a ello después de veinte o treinta minutos. Porque no ha sido el tiempo correcto. Fui a través de esta fase obsesiva cuando nuestra hija tenía 4 meses de edad, tratando demasiado tiempo para conseguir que tomara las siestas. Era agotador. Yo no lo recomiendo.

No te saltes las siestas o aplases la hora de acostarse. Después de tres meses, el horario de sueño del bebé se vuelve más organizado. Muchos bebés, incluido el mío, quieren despertarse a las 6:00 am sin importar la hora de acostarse. (Gracias a Dios mi marido también lo hace.) No te saltes las siestas del bebé, o aplases la hora de acostarse, esperando que el bebé duerma más tarde. Todo lo que hace es crear un bebé cansado. Puede parecer contradictorio, pero para los bebés, menos horas de sueño en el día no significa más sueño en la noche.

BUENO A SABER

Los bebés tienden a dormir la siesta noventa minutos después de despertarse, incluso si acaban de dormir toda la noche

Ayuda al bebé a dormir mejor por la noche

Los bebés necesitan meses para regularizar su sueño, pero puedes ayudar a darle al bebé la idea correcta.

Da pistas al bebé sobre la noche y el día. Los recién nacidos duermen (y comen y hacen caca) a lo largo de un período de veinticuatro horas. Ellos no saben noche del día. ¡Lo siento! El bebé necesitará tu ayuda con la alimentación y en calmarlo cada par de horas, mientras que el bebé se centra en conseguir suficiente comida en esa pequeña barriga y en regular los sistemas internos, que solían ser regulados por el cuerpo de mamá. Esto tarda unos tres meses. En el lado positivo, no es necesario ponerte ansiosa sobre los horarios, la duración de las siestas y si el bebé está durmiendo toda la noche, en esta etapa.

Puedes ayudar al bebé a construir su reloj interno al exponerlo a la luz brillante, al ruido y a la actividad durante el día, y a la oscuridad y tranquilidad por la noche.

Duerme en el mismo dormitorio con el bebé por la noche. Dormir cerca de tu recién nacido ayuda a regular la respiración, la temperatura y los niveles de estrés del bebé. Hace más fácil la lactancia materna, porque los ritmos de sueño ligero y profundo de la mamá y del bebé se sincronizan. Además, en el principio, vas a comprobar constantemente que el bebé está todavía vivo, bien podrías hacerlo abriendo un ojo en lugar de levantarse de la cama.

Probablemente la forma más fácil de dormir cerca del bebé es un mueble compañero de cama, que es una cuna de tres lados colocado al ras de tu cama, al mismo nivel. El compañero de cama es más simple que compartir la cama, que en el occidente requiere algunas modificaciones dramáticas para estar seguro.

Compartir la cama requiere un colchón firme en el suelo, lejos de las paredes y los muebles que podrían atrapar al bebé, sin sábanas sueltas, mantas o almohadas que podrían asfixiar al bebé. Sólo la madre, quien debe estar sobrio y no fumar, comparte la cama con el bebé. Compartir la cama significa despertares más frecuentes tanto para la mamá como para el bebé, pero podría sentirte bien para tí. O puede ser la única manera que el bebé dormirá. Las nuevas mamás tienden a fácilmente caer dormidas después de despertar, gracias a las hormonas. Pero ten en cuenta la transición del bebé a su propia cama después de unos meses. Compartir la cama interrumpe y acorta la fase tranquila del sueño del bebé, según estudios.

Hay otras opciones para camas, dado que, después de la comodidad de la matriz, la mayoría de los recién nacidos no aman estar recostado en un colchón grande. Algunos padres utilizan un columpio para bebés. A la legendaria doula Penny Simkin de Seattle le gusta el Fisher-Price Rock 'n Play. Ambos tienen un espaldar y los lados en pendiente, que hacen que el bebé se sienta cómodo. La inclinación también puede ayudar si el bebé tiene reflujo. El Rock 'n Play es lo suficientemente pequeño como para caber al lado de tu cama, y es lo suficientemente ligero para moverlo por todo lado—bien para contener al bebé en un lugar visible mientras haces cosas como ducharse y comer. Antes de los seis meses, mueve al bebé a una cuna. Sea cual sea la configuración que funcione mejor para tí, sin duda duerme en la misma habitación que el bebé durante los primeros tres meses. El bebé necesita que tu lo mimes más durante este "cuarto trimestre." Esto significa renunciar a un poco de intimidad como pareja, pero puedes encontrarla de otras maneras.

Envuelve al bebe para que duerma mejor. Una manta envuelve cómodamente los brazos del bebé directamente contra sus costados. Esto ayuda al bebé a dormir más tiempo; sin ella, los brazos sobresaltan al azar durante el sueño, lo que podría despertarlo. Envolverlo también hace que el bebé este más cómodo para dormir sobre su espalda. Los recién nacidos se deben poner a dormir boca arriba para reducir el riesgo del síndrome de muerte súbita del lactante o SMSL.

»

«

Los recién nacidos a menudo protestan ser envuelto al principio, porque en el útero están acostumbrados a tener sus manos cerca de la boca. Así que se podría pensar, "Mi bebé odia esta cosa; olvídalo." ¡No tan rápido! Termina de envolverlo, y luego im-mediatamente conforta al bebé: amamantalo, o camina mientras palmeas sus nalguitas y le haces callar. (Este fue el consejo de mi doula para introducir al bebé a los canguros, envolturas o portadores con hebillas.)

A algunos bebés (y padres) les molestan un tipo de envoltura pero les gusta un otro. Opciones:

- **Diseños de velcro,** como el SwaddleMe y Halo SleepSack. Estos son mas fáciles para ponerse, pero fácil para algunos bebés para quitar.
- **Una manta fina grande, la opción más versátil.** Puedes envolver los brazos del bebé doblados o rectos; puedes crear un espacio entre las piernas si el bebé será sentado en un asiento de seguridad. Funcionan doblemente como mantas y paños de regurgitación. Aden + Anais hacen las mejores mantas; la mayoría de las mantas de recepción son demasiado pequeñas o voluminosas. La técnica que quieres es la envoltura doble. (Buscalo en el internet para ver un vídeo.) Esto implica el uso de una segunda manta o una correa de envoltura para sujetar los brazos dentro de una envoltura tradicional.
- **La Miracle Blanket (manta milagro),** es una envoltura doble ya hecha. De ninguna manera el bebé puede salir fuera de esa cosa.

Sea cual sea la manta que elijas, tu técnica de envoltura debe permitir al bebé a mover sus caderas, para evitar la displasia de cadera, y tomar una respiración profunda. Los brazos son lo que debe ser ajustado. Práctica en una muñeca—o en un bebé durmiendo, si te atreves—para que te acostumbres.

Crea una rutina de acostarse. Algún tiempo después de que el bebé se acomoda a un patrón discernible de sueño, alrededor de los 4 meses de edad, haz las mismas cosas en el mismo orden, al mismo tiempo, todas las noches antes de acostarse. Esto crea la previsibilidad para el bebé y las señales de que es hora de relajarse. Después de tres semanas de una rutina constante, en un estudio las madres informaron a los investigadores que sus bebés se dormían más rápido, permanecían dormido por más tiempo y se despertían menos veces durante la noche. Los estados de ánimo de las mamás mejoraron, también.

Haz la hora de dormir el tiempo del papá. Después de seis meses, el bebé ya no necesita alimentos durante la noche. Por lo tanto, para ayudar a ajustar el reloj interno del bebé, anima al bebé a comer más durante el día, reduciendo gradualmente el tiempo de lactancia o la cantidad de botellas en la noche. Si el bebé se despierta, el papá puede estar un minuto con el bebe para calmarlo. Mantenerlo tranquilo, relajado, y en la oscuridad de su cuarto. A menudo toma mucho menos tiempo para el papá a poner al bebé en la cama por la noche. Talvez por la falta de pechos . . .

Usa una máquina de sonido. El sonido continuo puede ayudar a la transición del bebé entre los ciclos de sueño. (Sin mencionar tú ... especialmente si alguien ronca). Obtenga una máquina con opciones. Un sonido de bajo tono es más suave que un sonido agudo.

Alrededor de 6 meses de edad, mueve la hora de acostarse. Tan pronto como el bebé deja la tercera siesta, mueve la hora de acostarse mas temprano. Si no, el bebé no dormirá lo suficiente durante la noche.

Mi marido y yo tuvimos que jugar con esto para encontrar el momento adecuado. Pusimos al bebé a la cama quince o treinta minutos más temprano cada noche, siempre y cuando ella siguió a despertarse para el día a las 6:00 am. Si se despertó antes de lo habitual o tomó más tiempo en quedarse dormida, sabíamos que la hora de dormir era demasiado temprana. La hora de acostarse perfecta para ella fue entre 6:30 y 7:00 pm, que era increíble para tener un poco de tiempo para nosotros por las noches.

Sal a la calle. Los bebés que dormían mejor por la noche fueron expuestos a mucho más luz de espectro azul entre el mediodía y las 4 pm.

Consigue ayuda. Recursos sólidos incluyen el libro El Bebé Más Feliz por Harvey Karp y troublesometots.com por Alexis Dubief. No te deje atrapar en la lectura de todos los libros y blogs. Ellos se contradicen entre sí, entonces es simplemente confuso. Si tienes instintos de qué hacer, ve con ellos.

BUENO A SABER

A los 4 meses de edad, el 85 por ciento de los bebés duermen durante al menos un tramo de cinco horas, un estudio utilizando el video lapso de tiempo le mostró. Pero el 15 por ciento no lo hacen. Al 1 año de edad, el 73 por ciento de los bebés duermen entre 10:00 pm y 6:00 am. Pero el 27 por ciento no lo hacen. Además de eso, todos los bebés pasan por fases de desarrollo que interrumpen sus hábitos anteriores (excelente, tolerable o al menos predecible) del sueño.

Por lo tanto, preparate que esto es de largo plazo. Tus expectativas alrededor del sueño colorearán si consideras la crianza de los hijos como estresante.

Da oportunidades al bebé a auto-calmarse

La mayoría de los bebés necesitan ayuda para aprender a dormirse o volverse a dormir por su cuenta.

He visto con mis propios ojos, los bebés que sólo cierran los ojos y se quedan dormidos cuando les pones en la cama. (OK, un bebé.) Nuestro recién nacido? Ella lloró. Como muchos padres, la tranquilizaron a dormir por cualquier medio necesario: la lista de Harvey Karp, amamantar, paseos en el portador, rebotando en la pelota de ejercicio. Luego nos esperamos hasta que ella estaba en "el sueño tranquilo", para pasarla a la cuna y andar en cunclillas hacia afuera. Si esa eres tú, alrededor de seis meses, empieza a dejar que el bebé se duerma con cada vez menos atención.

Los estudios demuestran que ayuda si

- esperas un poco antes de responder a los despertares del bebe,
- ponga al bebé a la cama con sueño pero no al 100 por ciento dormido, y
- ponga al bebé en su propia habitación.

Esto es aterrador porque significa cambiar lo que ya sabes que funciona. A los bebés tranquilos no les importa el cambio. A otros les importa y te informan de eso.

Un método consiste en calmar al bebé gradualmente menos tiempo antes de salir, volver si el bebé llora y hacerlo de nuevo. Toda esta ida y vuelta puede sentirse como que no está funcionando. Pero si esta. El propósito es dar posibilidades al bebé a auto-calmarse, dejandolo practicar.

Del mismo modo, si por lo general vas al bebé en el momento que clama en el medio de la noche, espera unos minutos antes de ir. A ver si el grito se intensifica o no.

Da al bebé otra oportunidad de auto-calmarse.

Movar la cama del bebé a una habitación separada puede ayudar porque no estas consciente y respondiendo a cada despertar en la noche. Y cuando el bebé se despierta, él no piensa, "¡Eh! te veo allí. ¿Qué tal un poco de ayuda?" Pero incluso si deseas mantener la cuna del bebé en tu habitación un rato más, ponte en marcha en esas otras dos opciones.

¿Por qué empezar este proceso alrededor de seis meses? Debido a que el bebé acaba de dar un salto grande de desarrollo alrededor de los cuatro meses. Después de ocho meses, el bebé hace otro gran salto: una comprensión más completa de la "permanencia de los objetos." (Aunque algunos investigadores piensan que eso sucede a los tres o cuatro meses.)

Eso significa que el bebé puede recordar si estabas allí cuando ella se durmió. Es desconcertante para ella si las condiciones no son las mismas cuando se despierta durante la noche. Ella llora para que regreses y para recrear las condiciones adecuadas. Un chupon (tiende a caerse de la boca del bebé), o una maquina de sonido con alarma, pueden causar el mismo problema.

Así que a los seis meses, tienes una ventana de desarrollo relativamente estable para trabajar con ella. Pero este momento es sólo un ideal. En realidad, saltos en el desarrollo de tu bebé podrían venir en momentos ligeramente diferentes. Además de eso, siempre hay un diente que sale, un resfriado o un crecimiento repentino con que lidiar.

Incluso si no te sientes desesperado por dormir bien, no pospongas en ayudar a tu bebé a auto-calmarse. Si no lo haces, los estudios insinúan, el bebé puede comenzar a perder la capacidad.

¿PUEDO TENER UN SEGUNDO INTENTO?

Pensábamos que sabíamos eso de auto-calma al derecho y al revez. La hora de acostarse parecía fácil; el bebé dormía bien. Pero entonces llegó el momento de cambiar al bebé a una cuna. Oh, ella gritó en esa cuna. Tan pronto como la acostabamos, se ponia de pie y gritaba.

Ojalá hubiéramos hecho la transición a la cuna antes, cuando ella todavía cabia en su cama Rock 'n Play. Entonces la podríamos haber introducido a la cuna mas gradualmente: como dejarla jugar en ella cada día hasta que estuviera comoda; después intentarlo para las siestas; luego intentarlo al dormir durante la noche. Pero eso era un punto discutible.

Lo que funcionó mejor fue un poco más cuidado tierno y cariñoso que apoyó las habilidades auto-calmantes del bebé—diferente a mi idea inicial de amamantarla hasta dormir.

Mi marido acurrucaba al bebé en su hombro, caminando y cantando hasta que su cuerpo se relajaba. La ponia en la cama no del todo dormida. Entonces colocaba su mano sobre el vientre de la bebé, sosteniendola suavemente en su lugar, y diciendo "shh" hasta que ella volvió a relajarse. Entonces salía del cuarto, todavía diciendo "shh."

Aún así, la bebé se despertaba durante la noche. Con su cuna en nuestra habitación, era fácil para ella solicitar nuestra ayuda para volverse a dormir. Se ponia de pie y gritaba. Practiqué con el bebé durante el día en volver hacia el colchón. Ella lo consiguió. Pero por la noche, ella repetidamente se acuclillaba y casi llegaba al colchón, y de repente, cambiaba de opinión. (¡Agh, tan cerca!) Desesperados, leimos uno y otro libro sobre sueño. Intentamos poner al bebé hacia abajo una y otra vez, esperando que no se molestara en ponerse de pie de nuevo. (Si iba por más de una hora; ella ganaba.) Nos acostamos en el suelo, acariciando el colchón de la cuna durante tanto tiempo que prácticamente nos quedabamos dormidos. (¿Es eso ser consisente o simplemente estúpido?)

Después de dos meses de luchas nocturnas, a los 9 meses de edad, nos dimos por vencidos. Trasladamos al bebé a su habitación para dejarla llorar. Le dimos un paseo por su nuevo entorno y le dijimos que si necesitaba llorar un poco, estaba bien, pero nos abriríamos la puerta hasta la mañana. Nos preparamos para las rondas de llanto desgarrador.

¡Ni un pío! Instantáneamente durmió toda la noche. Casi parecía que habíamos sido nosotros quienes la mantenían despierta.

LA INVESTIGACIÓN

Ochenta bebés fueron grabados en vídeo dormiendo a los 1, 3, 6, 9 y 12 meses de edad. El estudio fue dirigido por Melissa Burnham y Thomas Anders en la Universidad de California-Davis. Como es de esperar, la mayoría de los bebés fue mejorando a auto-calmarse con el tiempo, a medida que maduraban. Pero el 40 por ciento empeoró en auto-calmarse con el tiempo. Los bebés que perdieron sus capacidades auto-calmantes tendían a ser puesto a la cama después de que ya estaban dormidos. Dormían en las habitaciones de sus padres, y no tienen un objeto para abrazar al dormir

Llorando, por un tiempo, está bien

Si estas completamente agotada de la privación del sueño, te puedes comenzar a preguntar: ¿Cuándo este bebé dormirá toda la $%@! noche? Y ¿cómo puedo hacer que eso suceda ahora $@%! mismo?

Puedes comenzar a leer todos los libros y mensajes de foro que existe acerca de cómo hacer que tu bebé duerma toda la noche. Y tu cabeza puede empezar a dar vueltas.

Uno de los métodos más controversiales de formación del sueño es dejar solo al bebé y dejarlo llorar hasta dormirse. Hay unos que están seguros de que dejará cicatrices al bebé de por vida y los que juran que es la única cosa que trabajó para conseguir a todos una noche completa de sueño.

Un estudio a largo plazo dice que el bebé estará bien.

Investigadores de Australia y el Reino Unido, dirigido por Anna Price, estudiaron varios cientos de bebés de 8 meses. (Es generalmente aceptado que no se debe tratar la formación del sueño antes de los 6 meses de edad.)

El investigador estudió dos versiones de dejar llorar al bebe:

Llanto controlado

Tú brevemente—como menos de un minuto—confortas al bebé con un masaje en la espalda y algunas palabras suaves que probablemente ella no puede escuchar a través de su llanto, y luego sales de la habitación y cierras la puerta durante tres minutos. Repite, y mantente alejado durante cinco minutos. Luego diez minutos. Limitate a los diez minutos, no mas. Incrementalmente, en un periodo de una semana, aumenta el tiempo que el bebé pasa solo. (Ve el calendario de Como *Evitar el Insomnio Infantil* por Richard Ferber.)

Acampar/desvanecimiento

Te sientas cerca de la cama del bebé y tratas de calmar con tu voz, como cantar una canción, hasta que el bebé está dormido. Cada noche, durante tres semanas, mueves tu silla incrementalmente más lejos, hasta que está fuera de la puerta.

El estudio no analizó "la extinción sin modificar", en que el bebé se deja llorar por un tiempo indefinido. Funciona, pero también lo hacen los métodos más suaves. Los investigadores no lo endosan.

Más horas de sueño, menos depresión

Los padres eligieron el método a utilizar; algunos intentaron ambos. Un grupo de control ni trató. A corto plazo, dejar de llorar al bebe ayudó. A los 10 meses de edad, el 56 por ciento de los bebés que lloraban hasta dormirse tenían problemas de sueño, mientras que el 68 por ciento de los controles tenían problemas de sueño. A los 12 meses de edad, fue el 39 por ciento frente a 55 por ciento. Después de dos años, menos madres sufrieron depresion: 15 por ciento frente a 26 por ciento.

A los seis años, los investigadores siguieron de nuevo. ¿Fueron los niños que habían llorado hasta dormirse en la infancia más estresados que los niños del grupo de control? ¿Cómo se compara su salud mental, las habilidades sociales, las problemas de sueño y la relación con sus padres? ¿Qué hay de la depresión de la madre, la ansiedad y el estrés? (que están relacionados con el sueño bebé).

En cada pregunta: no había diferencia.

Los investigadores no dijeron que los padres deben dejar que el bebé llore. No todos los padres tienen el estómago para eso, teniendo en cuenta que cada minuto que dejas llorar al bebé puede sentirse como diez. El estudio sólo dice que si quieres probar el llanto controlado o la técnica de acampar, puedes reducir los problemas de sueño sin hacer daño a esta edad.

Ser consistente

Una vez que comiences, comprométete. Ceder al azar hará que el bebé se aferre aún más al llanto. Dale una semana. Esto es difícil porque quieres resultados inmediatos, y cada día se siente como una semana. Además, las decisiones tomadas de forma adormilada a las 2:00 am no son siempre los que querías. Es posible que desees tomar notas por la semana de lo que realmente estás haciendo en cada vigilia en la noche, así que puedes ver si estás en el camino intentado—o simplemente crees que estas.

"¡SACAME DE AQUI!"

Justo cuando crees que tienes la hora de acostarse descubierta, algo va a cambiar.

Mi marido y yo lucharon a través de esto, cuando a los 22 meses de edad, nuestra hija descubrió la manera de abrir la puerta de su dormitorio después de que la habíamos acostado. Eso significaba que un bebé con cara de sueño se tambaleaba en la sala de estar, a hacer peticiones al azar: "Tengo hambre. [Insera qualquier comida que se había negado a comer en la cena]. ¡Leche! Quiero dormir con mamá y papá. ¿Escuchar música? ¡Montar mi bicicleta! Quiero caminar afuera."

Las siestas no estaban sucediendo; ella no estaba durmiendo toda la noche tampoco.

Nos dabamos muchas vueltas, pero la bebé seguía saliendo repetidamente de su habitación momentos después de que la pusimos ahí. Probamos varias respuestas—suavemente volviendola a la cama una y otra vez, más comida, intentar orinar, ignorándola, contar hasta tres, sosteniendo la puerta cerrada hasta que yo me irritaba y gritaba: "¡Vuelve a tu cama!" y firmemente la lleve allí. Que no funciono, tampoco.

Finalmente, empezamos a acostarnos en el suelo junto a la cama de la bebé hasta que se durmió. Nos sentimos aliviados de haber descubierto algo que funcionó. Pero también fue perjudicial para nuestro propio sueño, y no le estaba enseñando a permanecer en la cama por su cuenta. Teníamos que dar un paso atrás y pensar. Era obvio que la bebé no necesitaba nada de la comida o juguetes que ella solicitaba, y nuestra atención sólo reforzó su comportamiento. Teníamos que dejar de prestar ese tipo de atención. Tal vez ella no tenía el control de sí misma para permanecer en su habitación ahora que había ganado la habilidad de salir. Teníamos que eliminar la opción de abrir la puerta. Tal vez nuestra rutina de acostarse—acostandola con una botella y besar su cabeza—era demasiado corta, y estar en la cama se sentía como un lugar donde ella se quedó mientras continuamos nuestra noche.

Plan nuevo: ponemos una cerradura en la puerta (con la ayuda del bebé). Le dejé probar el mango a sentir la diferencia entre cerrado y abierto. Le dije que no sería capaz de abrir la puerta cuando estaba cerrada con llave, y esto ayudaría a que se quede en su habitación por la noche. Abriríamos la puerta por la mañana.

Cambiamos nuestra rutina antes de acostarse, leyendo tres historias a la bebé mientras yacía en la cama. Mi marido se acurrucó muy cerca, por lo que ella tenia mas tiempo para abrazarlo. Entonces dijimos buenas noches. La bebé inmediatamente salió de la cama. Esta vez, hicimos nuestra propia versión de "desvanecimiento": nos sentamos delante de la puerta, en vez de acostarnos en el piso, para consolarla.

"Quiero que mami se acueste en el suelo", exclamó en la puerta. "Bebé triste!"

"Aww, triste bebé", le contesté. "Sí, mamá está aquí en el suelo. Cuando estamos con sueño, nos acostamos. ¿Quieres acostarte en el suelo o meterte en la cama?" Ella regreso a la cama. Repetimos esto unas cuantas veces. "Yo voy a cantarte una canción, cariño, para ayudarte a que te quedes en la cama", le dije.

Mi canción calmó su llanto un poco. Cuando ella volvió a llorar, yo cantaba de nuevo. Si ella dijo: "Quiero que mami se acueste en el suelo", repetí: "Sí, estoy aquí en el suelo. Te voy a cantar una canción."

Esto duró media hora mientras iba de la puerta a la cama, llorando de vez en cuando. "Sácame de aquí!", dijo ella en un punto. Traté de no reír. Canté con ella probablemente media docena de veces cuando se despertó durante la noche. Cada instancia tomó menos y menos cantar para calmarla.

La noche siguiente, ella se quedó en la cama de las 7:30 pm hasta las 6:30 am—lo normal. Ha sido una semana. La hora constante de dormir regreso.

Yo cuento una historia tan detallada para hacer algunos puntos. En primer lugar, para resolver el problema, podríamos no sólo indignarnos de que la bebé no estaba siguiendo nuestras órdenes (aunque nosotros lo estábamos). Tuvimos que tratar de averiguar por qué la bebé estaba haciendo esto. Bloquear la puerta no era suficiente; traté eso durante un par de siestas y recibí chillidos. También tuvimos que tomar en cuenta el deseo de la bebé para pasar más tiempo con nosotros o su repentina aversión de quedarse en la cama.

En segundo lugar, estar dispuestos a retractarse de una solución insostenible, como acostarnos en el suelo era por nosotros, y empezar de nuevo.

En tercer lugar, darle a su plan nuevo y mejorado una oportunidad. Una vez que decidimos sobre nuestro plan de empatía y reconfortancia desde fuera de la puerta, tuvimos que usarlo muchas veces durante la noche. Si hubiéramos dicho después de los primeros quince minutos, o después del primer despertar en mitad de la noche, "Bueno, ella todavía no puede quedarse en la cama; no funcionó", habríamos renunciado demasiado pronto.

Por último, se puede ver que la bebé está recibiendo apoyo emocional aunque el desvanecimiento es una técnica de "llorar hasta dormirse."

Di "Disculpe" para mantener a los niños en la cama

En algún momento alrededor de los 3 años, mis amigos y yo estamos encontrando, nuestros buenos durmientes de repente no lo son.

Nos quieren en la habitación hasta que se duerman. Quieren subirse a nuestras camas en el medio de la noche. (En realidad, nos parece dulce.) O se niegan incluso a comenzar la noche en sus propias camas. (Menos dulce.) Mi hijo se queda en la cama para una historia, pero luego inmediatamente salta de la cama con una sonrisa astuta. Así comienza una frustrante rutina de salir de su habitación una docena de veces, en lugar de tumbarse en la cama y relajarse.

La mayoría de los consejos sobre el sueño para los niños giran en torno al concepto de "extinción": no hacer caso al comportamiento que no desea. Ya sea la extinción (Weissbluth), la extinción gradual (Ferber) o la extinción gradual con la presencia de los padres (todos los demás), a los padres a menudo les falta un ingrediente clave, dice el psicólogo pediátrico Brett Kuhn. La extinción no le enseña a tu hijo lo que debería hacer.

Kuhn combina la extinción con la construcción de habilidades a través del refuerzo positivo. Él llama a esto el "Ejercicio de Disculpe":

Prepárate la primera noche: este será un trabajo de tiempo completo. Retrasa un poco la hora de acostarse para que tu hijo tenga sueño.

Siéntate junto a tu hijo en la cama y dale muchos masajes táctiles, rascándose la espalda y frotándose los lóbulos de las orejas.

Diga: "Estás haciendo un gran trabajo quedándote en la cama. Disculpe, pero necesito hacer algo. Vuelvo enseguida. Vete y regresa enseguida.

Reanuda el toque. Describe algo positivo que veas: "Guau, mírate. Estás acostado en la cama. Tus piernas están relajadas. Disculpe, ya vuelvo." Vete y regresa.

Repite. Esto se llama "reforzamiento de horario grueso." Utilizando tu presencia, con frecuencia estás reforzando el comportamiento de quedarse en la cama y relajarse.

Si a tu hijo le está yendo bien, comienza a regresar de manera intermitente. El tiempo debe ser impredecible. Como cualquier casino sabe, la imprevisibilidad alienta a una persona a seguir intentándo (permanecer en la cama) por la recompensa (usted). Podrías estar haciendo esto veinte veces la primera noche.

Asegúrate de no estar en la habitación en el momento en que su hijo se duerma. De lo contrario, se está perdiendo todo el punto: iniciar el sueño por su cuenta.

"Disminuya" el horario de refuerzo en función de cómo le vaya a tu hijo. Puedes hacerlo la mitad de veces en la segunda noche, por ejemplo.

Sigue disminuyendo, noche tras noche, hasta que ya no sea necesario.

En algún momento, generalmente entre los 3 y 5 años, tu hijo ya no necesitará una siesta diaria. Lo sabrás porque tu hijo realmente lo combate, o tomar una siesta de repente empuja la hora de acostarse. La transición apesta: son malas noticias si él duerme la siesta y es una mala noticia si no lo hace. Tendrás que experimentar aquí. (Eres acostumbrado a eso, ¿no?) Para nosotros, "dejar caer la siesta" en realidad significaba "seriamente necesita tomar una siesta dos o tres veces por semana y lo hará solo en movimiento." Justo cuando estaba por vender el cochecito de jogging, me encontré programando siestas en él. Pase lo que pase, espera a esa hora todos los días. Haga que sea tiempo tranquilo en su lugar

Si tu hijo (de 2 años o más) se despierta demasiado temprano, tengo una estrategia para ti en www.zerotofive.net/bonuses

Haz la hora de dormir menos loca

Los niños mayores escuchan "¡Es la hora de dormir! ¡Cepilla tus dientes!" y de alguna manera—¿es esto universal? —se traduce en "¡Corre!"

Así que les estás persiguiendo cada paso del camino. Un cuadro visual de la rutina detiene la persecución, mediante la creación de reglas muy claras y consistentes para la hora de dormir.

Crea un cuadro visual

El secreto de un cuadro de rutinas efectivas es crearlo junto con tus hijos. Tus niños adquieren un cierto control sobre el proceso, y están más entusiasmados con seguir un plan que han ayudado a crear. Mientras los niños se acostumbran a seguir las rutinas, que puede tomar varias semanas, molestias y luchas con ellos comienzan a desvanecerse.

1. **Piensa en una lista de los pasos a seguir.** Siéntate con tus hijos y pideles que te digan todo lo que necesitan para ir a la cama. Toma notas. Reducelo a siete puntos o menos (tal vez sólo tres para los niños pequeños, como "baño, pijamas, cuento").
2. **Haz que tus hijos ilustren cada tarea.** Ellos pueden hacer dibujos, o puedes tomar fotos de ellos haciendo la tarea. Juntos, peguen las imágenes, en orden, en un cuadro visual. El gráfico no necesita tener palabras o casillas de verificación. No necesita lugares para pegatinas; sobornos y recompensas sólo crean motivación a corto plazo. Haz sólo una fila o dos de las imágenes que les recuerden a tus hijos qué hacer despues de cada paso.
3. **Toma tiempo en entrenarles.** Centrate en la práctica de un paso por noche, dando un pequeño tutorial sobre cada paso. Vuelve al cuadro en cuanto se realiza una tarea. Discute consecuencias de antemano: "Apagar las luces a las 8:00 pm. Si decides no terminar nuestros pasos, voy a ponerte en la cama como estas—sin abrazos, sin cuento—y cerraré la puerta."."

4. **Deja que el cuadro de las rutinas sea el jefe.** Cuando los niños se fueron de la tarea (intencionalmente o no), dirigirlos al gráfico en lugar de decirles qué hacer: "¿Qué sigue en tu cuadro de rutina?" "¿Qué tiene que ocurrir a continuación para que podamos llegar a la hora del cuento?" "Tan pronto como tu ___, entonces___." "Qué acordamos fue el siguiente paso en nuestra rutina antes de acostarse?" Para los niños menores de 5 años, haz las tareas junto con ellos.

Si tu hijo aún se resiste? Con calma, señala, muestrale o llevale al cuadro, y vuelve a preguntarle. O recuerdale que la hora del cuento viene una vez que se lava los dientes. O decir: "Voy a estar en tu dormitorio. Ven a buscarme cuando estes listo para ponerte tus pijamas."

Haz la hora de dormir más loca!

La familia Natkin encontró que las noches fueron mas placenteras cuando agregaron cinco minutos para que todos se volvieron locos juntos—¡fiesta de baile! ¡fiesta de cosquillas!—antes de calmarse para dormir.

Si la hora de dormir es todavía una lucha constante después de usar el cuadro, la entrenadora de padres Sarina Natkin dice, pregúntate qué pieza falta. ¿Los niños necesitan más tiempo con ustedes? Más control sobre el proceso?

Si su hijo está constantemente apareciendo con peticiones, agrega esos artículos a su rutina: "Vamos a asegurarnos de que tiene todo lo que necesita antes de acostarse." O prueba "boletos de la hora de dormir": los niños pueden utilizar dos boletos por noche para hacer peticiones. Cualquier solicitud adicional se ignora, y el niño es cuidadosamente, pero en silencio, depositado de nuevo en la cama.

Cada vez que un plan no está funcionando, presentalo de nuevo en tu reunión familiar (página 144) para que puedan generar soluciones.

Relajate sobre la lactancia

Al igual que el resto de la paternidad, lactancia es a la vez un trabajo gratificante y difícil. Una actitud relajada ayuda mucho.

El sesenta por ciento de las mujeres quieren amamantar exclusivamente. Sin embargo, dos tercios de las mujeres se dan por vencidas, muestran los estudios. ¿Por qué? Las mujeres citaron dolor de lactancia, ansiedad de que no estaban produciendo suficiente leche, y problemas para que el bebé se prenda. Ten en mente que vas a experimentar estos problemas comunes, también. Pero confía en que el apoyo adecuado puede ayudar.

La comodidad es clave

Lo primero que debes saber es: sientete comoda. Si no te sientes comoda, ajusta tu cuerpo o el cuerpo del bebé. Si tus pezones te están matando, desprende al bebé y vuelve a intentarlo. Amamantar a tu bebé no debe causar dolor punzante en el cuello, las muñecas o los pezones.

Comienza con la posición de lactancia relajada. (Un especialista en lactancia bromeó que si todo el mundo utiliza esta técnica, la pondría fuera de negocio.) Sientate, desliza las caderas hacia delante y reclinate hacia atrás, como si estuvieras lista para ver la televisión. Coloca al bebé en tu panza contra tu pecho, en cualquier ángulo que sea cómodo, y dejale encontrar tu pezon. Es más fácil para que todo quepa en su lugar, que si estás sentada en posición vertical o acostada. Además, estás apoyando el cuerpo del bebé con tu cuerpo en vez de usar tus brazos. Ver biologicalnurturing.com para

videos y más información.

Alimenta a un bebé tranquilo

Practica cuando el bebé está calma en lugar de llorando. Es más fácil para que aprenda, y su lengua estara en el lugar correcto. Presta atención a sus signos de hambre (rebuscando, la mano a la boca) antes de que ella se ponga muy molesta. Si ella está molesta, calmala primero antes de darle de comer.

Leche sale = leche entra

Cuanto más leche consume el bebé, más produces. Así que si tus médicos te dicen que el bebé necesita fórmula, pero quieres preservar la opción de la lactancia materna, necesitas comenzar a bombear inmediatamente. Hazlo hasta extraer el más alto valor que puedas tolerar, porque (cuando las cosas están funcionando correctamente) los bebés extraen más leche que los extractores pueden.

Obtiene apoyo

Habla con tu doctor. Tu hospital podría ayudarte a comenzar bien. Las pautas internacionales son para iniciar la lactancia materna dentro de la primera hora después del nacimiento; coloque al bebé y a la madre juntos 24-7; alentar la lactancia materna a demanda, no según un horario; y no proporcione fórmula a menos que sea médicamente necesario. Tu puedes hacer estas solicitudes. Algunos hospitales y centros comunitarios también ofrecen grupos de apoyo para la lactancia materna.

Organiza ayuda. Las nuevas mamás necesitan atención igual que el bebé. Pero en los Estados Unidos, las mujeres tienden a esperar que vuelvan rápidamente a la limpieza, a la cocina y al ejercicio. Resiste. Buenos sitios web: kellymom.com, llli.org, ilca.org.

LA INVESTIGACIÓN

El seno es el más inteligente... Por un poco

Cada mes de la lactancia materna añade una pequeña ganancia, alrededor de un tercio de punto, a las puntuaciones de inteligencia de tu hijo. Investigadores de la Universidad de Harvard y el Hospital de Niños de Boston estudiaron los datos de más de mil trescientos madres y niños. Se ajustaron por una serie de factores, incluyendo estado socioeconómico, la inteligencia de la madre, y si el bebé se crio en casa o en la guardería. Cuanto más tiempo amamanta el bebé, encontraron, cuanto mayor eran sus puntuaciones del vocabulario a los 3 años y de inteligencia a los 7 años de edad. Un bebé amamantado durante doce meses anotaría cuatro puntos de coeficiente intelectual más alto que un bebé que no fue amamantado. El Coeficiente Intelectual sí importa. Pero si la lactancia materna no está funcionando, hay un montón de otras maneras de ayudar a cumplir el potencial intelectual del bebé.

BUENO A SABER

La leche materna no es sólo comida. Tu cuerpo responde día por día a las necesidades del bebé mediante el ajuste de las hormonas, factores inmunitarios, volumen de leche, azúcares para alimentar a las bacterias en el intestino del bebé y seguramente más propiedades que los investigadores no han descubierto todavía.

"Come alimentos. No demasiado. Sobre todo plantas."

"Mi hijo come lo que como", oyes decir padres, feliz de que no estan preparando comidas separadas para su hijo.

Para mí, lo contrario ha resultado ser cierto. Estuve tan cuidadoso en dar a mi bebé una alimentación sana, me di cuenta de que debería comer más de lo que el bebé estaba comiendo.

Caso en cuestión: el bebé toma un batido de col rizada la mayoría de los días, una manera fácil de obtener sus verduras. (El sabor es mejor de lo que suena.)

Es más fácil decirlo que hacerlo

El consejo del periodista alimentario Michael Pollan— el título de esta página— se basa en la forma en que los humanos comían durante cientos de miles de años. Los pastos, frutas, verduras, pequeños mamíferos, insectos, y una clara falta de azúcar—esta es la dieta con que nuestros cerebros y cuerpos funcionan mejor.

He estado trabajando hacia comer de esta manera durante mas de quince años. (Bueno, a excepción de los insectos.) Si estás tratando de hacer eso, también, aquí están las cosas que han hecho que sea más fácil para mí después del bebé:

La compra de productos agrícolas locales frescos. La comida de gran sabor comienza con ingredientes de alta calidad. Yo había oído eso, pero realmente no sabía lo que significaba hasta que tomé una clase de cocina. Tomamos muestras de zanahorias orgánicas enviadas a un gran supermercado (sin brillo, densa, amarga) y zanahorias orgánicos recién cogido de una granja local (crujiente, vivo, dulce). La diferencia fue una revelación.

Al vivir en Seattle, soy afortunada que hay un mercado de agricultores a poca distancia y varias opciones para programas de "agricultura apoyados por la comunidad." Es un tipo de programa en que tienes que "suscribirse" a una granja local cada temporada a cambio de una caja de producto entregado regularmente. Nuestra caja semanal de productos está lleno de variedad que nunca habría pensado comprar por mi cuenta—calabaza "delicata", berenjenas, berza, col rizada, repollo, alcachofa, remolachas.

Productos directamente de la granja tienen buen sabor, incluso cuando lo haces muy poco.

Una olla a presión. Juro que esto debe ser distribuido a todos los nuevos padres en el hospital. Puedes cocinar sopas, risottos cebada, frijoles y curry en diez minutos en lugar de treinta a sesenta minutos. Se trata principalmente de las comidas que comemos ahora.

Una licuadora potente. Una licuadora de alta gama hace de todo, desde batidos de col rizada hasta pesto de brócoli.

Cocinar en grandes cantidades una o dos veces a la semana. Cocinar no es un hobby para mí. No quiero hacerlo para cada comida. Así que yo aspiro a hacer avena cortada, quinua, verduras asadas y sopas sustanciosas que duren la semana.

A veces lavo y pico los ingredientes un día y cocino el proximo.

»

«

Almacenar los productos correctamente tan pronto como los traigo a casa. Lo admito, a veces hemos metido toda nuestra caja de productos en la nevera y hemos ido a buscar comida tailandesa. Mi idea de cocinar funciona mejor cuando pongo cada elemento a la vista, por lo que se utiliza. Y cuando guardo cada cosa correctamente, por lo que dura más tiempo.

Recetas sencillas. Mi criterio para una receta: ¿Tiene un número mínimo de ingredientes? ¿Puedo preparar los ingredientes un día y cocinar el proximo? ¿Se congelará bien si triplico la receta? Ahora estamos hablando mi idioma.

Todavía no puedo creer lo delicioso y fácil que es la sopa de patata y puerro. Cocinar cuatro puerros en rodajas en un poco de mantequilla hasta que estén blandos, agregar cuatro tazas de trozos de patata y cuatro tazas de caldo a la olla, mantener la cocción hasta que las papas estén tiernas, y luego licuar brevemente la sopa para hacer un puré. Eso es cuatro ingredientes.

Que tenga buen sabor. Cocina con grasas, especias y hierbas. Cuando tomamos placer en lo que estamos comiendo, un estudio encontró, absorbemos más de los nutrientes del mismo.

He encontrado maravillosas recetas en cookusinterruptus.com, nourishingmeals.com, y 101cookbooks.com. Doy crédito a smittenkitchen.com por aumentar mi confianza en recetas que simplemente funcionan.

Por si acaso. Guardo una caja grande de sopa de lentejas "Amy's" en la despensa para cuando no he tenido tiempo para cocinar y es "ese tipo de día." También mantengo Larabars, que tienen sólo unos pocos ingredientes, para los snacks.

Un batido de col rizada todos los días. Es una gran manera de comer hojas verdes crudos. Las frutas enmascaran su sabor, por lo que "jugo verde", como lo llama mi bebé, pasa fácilmente. Aquí está la receta, adaptada de nourishingmeals.com:

> 2 piezas de fruta (manzana + pera, melocotón o nectarin)
> 2 grandes racimos de hojas verdes, sin costillas gruesas (col rizada o acelga + espinacas u otros vegetales verdes)
> 1/2 tazas de repollo picado
> 2 tazas de agua
> 1 limón, solo el jugo

Pulsar la licuadora para picar todo, y hacer puré hasta que quede suave. Si sabe demasiado dulce, añade más verduras. Si sabe demasiado verde, añade más fruta.

BOCADILLOS RÁPIDOS QUE NO HACEN UN LÍO

- frutas secas, trozos de manzana y nueces
- frutas: bayas (compradas a grande y congeladas), plátanos, uvas cortadas por la mitad o una mandarina
- piezas de brócoli, coliflor y zanahorias cocinados en el microondas durante dos minutos, tal vez con trozos de manzana o ñame.
- O batata, pera y brócoli. Mezclar con un poquito de aceite de coco o de aguacate para la grasa y un sabor diferente.
- tomatitos cherry cortados por la mitad (Sungold, si puedes conseguirlos), trozos de pepino y maíz congelado
- trozos de aguacate: deja que el bebé toque un poco de sal y pimienta, o exprime un limón, por encima.

BUENO A SABER

No te preocupes si al bebé le encanta la fruta. Sólo adhierete a la fruta entera. La naturaleza combina fibra con el azúcar, por lo que el azúcar de la fruta entera no tiene el mismo efecto perjudicial como el azúcar refinado. Busca frutas secas sin azúcar añadida. Saltate del zumo de frutas—le falta la fibra.

Deja que el bebé decida cuánto comer

Imaginate si alguien te rondaba, pinchaba, y aplaudaba en cada bocado: molestoso!

Confía en las señales del bebé. Nuestro trabajo como padres es poner una variedad de alimentos nutritivos en frente de nuestros hijos. Estamos a cargo de qué, cuándo y donde comen. Es el trabajo de nuestros hijos de decidir si comen y cuánto comen.

El objetivo aquí es confiar en la regulación interna del consumo de los niños, que varía de forma natural día a día. Si continuamente les damos las señales con nuestros propios deseos (bien intencionados), obligando a los niños a comer la cantidad de comida que pensamos que deben comer. Ellos aprenden a ignorar las señales de su cuerpo para tener hambre o estar lleno. Eso les prepara para una relación insalubre con la comida.

Le preguntamos al bebé, "Acabaste?" Todavía estoy tratando de que mi marido acepte el "Sí" del bebé en lugar de responder con, "¿Estás seguro? Aquí, toma un bocado más."

Sientate a comer con tu hijo, en horarios regulares. Las comidas familiares tienen más variedad y más alimentos nutritivos, muestran los estudios, que la que se obtiene de saltarse las comidas y picotear. (Muchos de nosotros tenemos la desafortunada idea de que las comidas son un deber y los bocadillos para el disfrute.) Si los niños piden comida entre sus horas de comida y bocadillos, ofreceles agua. Bonus: comidas y bocadillos regulares resultan en siestas más fáciles, ya que el cuerpo se acostumbra al ritmo del día.

Con nuevos alimentos, centrate en la exposición a ellos. Anima al bebé a tocar y oler un alimento nuevo, a verte cuando tu lo comes, y tal vez a ponerlo en su boca antes de sacarlo de nuevo. Piensa en esto no como el bebé rechaza la comida, pero como el bebé se prepara para comer un día esa comida.

Introduce un alimento nuevo muchas veces más de lo que pensarías es necesario. Los niños son a menudo escépticos de nuevos alimentos, y nuestras expectativas son irrealistas del tiempo que toma para que se aclimaten. La exposición de los niños a un nuevo alimento ocho veces durante dos semanas no es demasiado. Mantente ofreciendo variedad, y también asegurarte de que el bebé tenga una comida familiar para llenarse.

No supliques o comandes una y otra vez. "Toma un bocado. Sólo un bocado. Vamos, come tu comida." Los estudios muestran que un alto índice de presión verbal conduce a los niños a rechazar la comida.

Regatea con moderación. Recompensas y negociación trabajan para poner en marcha la exposición a la nueva comida, pero no son la mejor estrategia a largo plazo. En un estudio, investigadores pidieron a los niños a probar rodajas de pimiento rojo. Le dijeron a un grupo: "Puedes comer tanto como quieras." Le dijeron a un segundo grupo: "Si comes al menos una pieza, puedes optar por una de estas pegatinas. Puedes comer tanto como quieras."

El grupo con recompensa saltó a probar el pimiento rojo. Pero con el tiempo, los niños del primer grupo comieron más pimiento rojo y les gustó más.

Ahora que nuestro niño está copiando todo lo que hacemos, poner comida en nuestro plato en lugar de su plato es una manera segura de interesarlo.

Al bebé le gusta vernos comer la comida. A veces jugamos "Un bocado para mamá, un bocado para el papá, un bocado para el bebé."

Ofrece la oportunidad para ir al baño

No hay evidencia de que más tarde es mejor que antes, cuando se trata de enseñar a usar el baño. Sólo que ser gentil es mejor que avergonzar u obligar al bebé.

Antes de la Segunda Guerra Mundial, los padres a menudo forzaron, regañaron y castigaron a niños de 8 meses de edad a usar el baño. Esto estaba relacionado con estos problemas: estreñimiento, sosteniéndo las necesidades, negarse a usar el baño. El pediatra T. Berry Brazelton defendió el cambio de esa práctica. Eso es bueno. Pero algunos padres lo han interpretado como que deben andar de puntillas en torno al entrenamiento hasta que el niño le diga que ya acabo de usar los pañales—un período que está cada vez más largo debido a que las empresas de pañales hacen cada vez pañales mas grandes. No hay necesidad de esperar tanto tiempo.

No importa la edad que elijas para ayudar al bebé a usar un inodoro, aquí están algunas maneras de ser gentil:

Proporciona sólo la oportunidad. En lugar de forzar físicamente o sobornar al bebé a sentarse en el orinal, velo simplemente como que le estas ofreciendo la oportunidad. El bebé decide si ir. Todavía tienes que hacer un esfuerzo para animar al bebé a sentarse en el orinal y permanecer sentado, pero no te pongas nervioso si no lo hace.

Mi marido y yo nos sentamos cerca y cantamos una canción, leemos un libro, o soplamos burbujas para ayudar al bebé a sentarse el tiempo suficiente. Nosotros la recordamos: "Sí, se necesita un buen tiempo para hacer caca." Nos sentamos, inclinamos hacia adelante y esperamos. Si ella comienza a correr, decimos: "Has terminado con el orinal?" en lugar de "No, no has terminado. Siéntete otra vez."

Ofrece el orinal con regularidad: antes y después de dormir, antes y después de las excursiones y treinta a sesenta minutos después de las comidas. Los niños se acostumbran al horario constante sin ser molestados.

"Es hora de ir al baño" es nuestra línea. (Preguntarle a nuestra nina, a los 22 meses de edad, "¿Tienes que ir al baño?" provoca una respuesta de "No", incluso si ella está de pie allí bailando por ir.) Cuando llegamos a casa después de una excursión, le recordamos de la rutina: "¿Qué es lo primero que hacemos cuando llegamos a casa? Sentarse en el orinal." Podríamos añadir: "¿Necesitas ayuda?" o "¿Qué canción debemos cantar?"

Mantente relajada. Cuando el bebé dice, "Tengo que ir al baño", si casualmente respondemos, "OK, vaya", lo hará. Si rondamos o damos demasiada instrucción, cambiará de opinión. Después, si decimos: "Buen trabajo al ir al baño", sonríe con satisfacción. Si hacemos mucha celebracion, aplaudiendo y exclamando, entonces la próxima vez que ella hace pis, va a vaciar su orinal en el inodoro, y luego nos lo trae para recibir la alabanza. (¡Ay!)

Ve sin pañales. Mi descripción favorita del entrenamiento para usar el baño es: "Sacate el pañal." Puedes ir sin pañales a casi cualquier edad, por cualquier cantidad de tiempo durante el día. Con unos pocos meses de edad, algunos padres ponen un frasco o bote pequeño bajo las nalgas del bebé o mantienen al bebé en una posición en cuclillas sobre el inodoro entre los cambios de pañales. Otros padres sientan al bebé en una bacinica cuando usan el baño. Otros tratan de captar cada pis y caca, ofreciendo un orinal cada treinta o sesenta minutos. Sí, esa es la frecuencia con que muchos bebés necesitan orinar. Si el bebé le hace, los padres hacen un ruido: "tsss" o "unh, unh." La señal le indica al bebé para ir al baño, y le da al bebé una manera de decirte que ella tiene que ir.

Probamos ir sin pañales, en casa solamente, alrededor de los 12 meses de edad. Esto funciono al azar, significando que el limpiador de alfombras fue muy útil. Tan pronto como la bebé empezó a correr a su bacinica por su cuenta, supuse que ella lo haría cada vez. Pero se distraía mientras jugaba. Así que yo lo hacia también. En retrospectiva, le pude haber ofrecido el orinal más consistentemente, además de pedir a quienes la cuidaban a hacer lo mismo.

Guarda el entretamiento de la hora de acostarse para el final. La mayoría de los niños llevan un pañal a la cama por la noche hasta la edad de 4 o 5. Médicamente, el término "mojar la cama" ni siquiera se aplica a niños menores de 5 años.

BUENO A SABER

El entrenamiento para ir al baño no requiere el control completo de la vejiga y los intestinos, es sólo una capacidad de retrasar brevemente la acción. De hecho, sólo el 20 por ciento de los niños tienen control completo de la vejiga y los intestinos a los 2 años, cuando muchos padres comienzan el entrenamiento.

Si estás esperando para hacer el entrenamiento, no lo pospongas más de 32 meses. El bebé podría estar en mayor riesgo de infecciones de las vias urinarias, al no vaciar completamente la vejiga. También hay un mayor riesgo de control débil de la vejiga, lo que conduce a más accidentes.

Jugar

Los niños aprenden una habilidad muy importante al jugar con sus compañeros: autocontrol. Antes de eso, sin embargo, tu eres el juguete favorito del bebé: al bebé le encanta tirar tu pelo, pellizcar tu nariz, pisar tu cuerpo y dar una vuelta encima de ti, ¡caballito!

Deja que el bebé toque eso

Es difícil superar el tener una variedad de experiencias directas y prácticas.

No tienes que comprar un montón de cosas para introducir al bebé a nuevos estímulos:

- Mientras estás cocinando o haciendo las compras, deja que el bebé toque la piel de la cebolla que parece de papel y la cáscara del aguacate que es áspera.
- En tu armario, introduce al bebé al suéter de cachemira y pantalones de cuero que no usas más.
- En un paseo, cuando te detienes a oler las rosas, roza un pétalo a la piel del bebé. (Espera hasta que el bebé tenga 8 meses de edad, cuando el tacto muy ligero se siente bien.)
- En nuestros paseos, mi hijo quiere jugar al escondite y buscar a través de las ranuras de los contenedores de basura. Ella quiere tocar los contenedores de reciclaje. He llegado a aceptarlo. Siempre nos podemos lavar las manos después.
- Guarda la mayoría de los juguetes del bebé y cambiarlos regularmente.
- Cambia juguetes con amigos.

Mmm, rocas

La sensibilidad al tacto se desarrolla en el cuerpo de arriba a abajo, comenzando con la boca. Es por eso que los bebés usan la boca para explorar objetos. (Las rocas fueron particularmente atractiva para la mia.) Si se le permite a un bebé de 1 mes de edad a meterse un objeto a la boca, pero sin verlo, ese bebé más adelante puede reconocer el objeto visualmente.

La sensibilidad táctil necesita tiempo para propagarse por el cuerpo: la cara es más sensible que las manos aun a los 5 años.

CONSEJO PARA AHORRAR DINERO

Los juguetes preferidos del bebé son los que no compró para el bebé:

- control remoto
- llaves, cartera, teléfono celular
- espejo de bolsillo
- calculadora
- tus zapatos: poner sus pies en ellos
- tu ropa interior: lo lleva alrededor de su cuello
- la caja del juguete
- fruta: tomar un bocado de cada uno y poner
- de nuevo en el recipiente
- cesta de la ropa: para ir a dar una vuelta
- cajones y armarios: perfecto para ocultar tus llaves, cartera, teléfono celular

Guardar las cajas

¿Qué juguetes son los mejores para el cerebro del bebé? Los juguetes que obliga al bebé a *utilizar* su cerebro.

Los mejores juguetes no pitan, hablan, bailan o destellan luces para mantener la atención de un niño. Requieren imaginación para llegar con vida.

Pero los fabricantes de juguetes saben que si dicen que sus productos impulsar el desarrollo del bebé—afirmaciones que raramente están científicamente probadas—estás más propensa a comprarlos. Por ejemplo, me dieron unas sonajas de tela suave que se atan alrededor de la muñeca del bebé. El paquete dice que desarrollan "habilidades de localización de sonido." ¿En serio?

En su lugar, elije juguetes básicos, como los siguientes:

- frascos con roscas en las tapas, cuencos y tazas de diferentes tamaños, y algo que el bebé puede pasar de una taza a los otros (agua, tierra, frijoles secos)
- cojines y almohadas del sofá, creado como una carrera de obstáculos para el rastreo o la escalada,
- pelotas y bloques (Lego Duplo, K'Nex, bloques magnéticos Tegu, Keva Contraptions, Tinkertoys)
- muñecas pasadas de moda, títeres de dedo
- sillas y una manta, para hacer una fortaleza
- caja y marcadores, para fabricar un coche o un nave espacial
- cinta adhesiva

No te olvides, tú eres el juguete favorito del bebé. Al bebé le gusta subirse a tí, ser girado, oscilado y lanzado por ti, chillar el monstruo de cosquillas—y sentarse en el suelo con tigo, jugando con estos juguetes juntos.

BUENO A SABER

Jugar con los bloques mejora las habilidades espaciales, las habilidades matemáticas, las habilidades de resolución de problemas y la cooperación. Jugar con muñecas ayuda al bebé a practicar habilidades sociales y emocionales.

Haz música con tu bebé

Los niños te animan a avergonzarte públicamente en todo tipo de formas en las que no te imaginabas.

Mi bebé y yo estábamos de paseo por un sendero arbolado, y una canción me vino a la cabeza. Como ayudé al bebé a tocar varias partes del árbol más cercano, canté, "Y en esa rama / había una hoja / la hoja más bonita / ¡que nunca has visto!" Gracias, Radio Niño en Pandora.

Apenas puedo mantener una melodía. Es una buen cosa que los bebés prefieren las voces de sus padres sobre otras voces, y prefieren el canto dirigido a ellos sobre otras clases de canto.

Cantamos en el hogar, también, cuando toco "Twinkle, Twinkle, Little Star" en el xilófono de mi bebé. (¡Eh! tres años de clases de piano no se van a perder después de todo!)

Y tomamos una clase de música de padres y niños, porque el bebé obtiene un gusto a la música como la experiencia social que lo ha sido durante toda la historia humana. Ella se pone a probar los instrumentos que no tenemos en casa. Ella baila, rebota, coge el ritmo y trata los tonos. Y el maestro es tan encantador que mi bebé le da un abrazo al final de la clase.

Las clases de música hacen más inteligente el bebé?

Los músicos son más inteligentes que los no músicos en todo tipo de formas. Son mejores en el razonamiento abstracto, matemáticas, lectura, vocabulario, habilidades motoras finas, habilidades espaciales y la memoria.

Sin embargo, los investigadores no han sido capaces de demostrar que la formación musical es la causa. Tal vez los padres que son capaces de pagar clases particulares de música, también leen más a sus hijos, por ejemplo, y eso es lo que mejora el vocabulario y las habilidades de lectura de sus hijos. Tal vez los niños con ciertas fortalezas cognitivas se sienten atraídos por ciertas clases de música. La media docena de ensayos que han tratado de establecer una causa informan resultados mixtos.

Pero un impulso cerebral nunca fue la mejor razón para estudiar música de todos modos.

Música, por el amor de la música

La música es universal: casi todo el mundo se siente atraído por ella. "Nunca se han encontrado sociedades humanas sin lenguaje, al igual que nunca se han encontrado sociedades humanas sin la música", escribió el psicólogo de Harvard, Roger Brown. Sin embargo, nadie tiene que hacer un caso para el estudio del lenguaje—los sonidos que utilizamos para expresar lo que está en nuestras mentes frente a lo que está en nuestras almas.

En un artículo titulado "¿Por qué enseñar música?" Kathryn B. Hull, una profesora de música certificada a nivel nacional, escribió de los muchos aspectos de la música:

La música es ciencia. Es "exacta y específica." La partitura de un conductor es "un gráfico que indica las frecuencias, las intensidades, los cambios de volumen, la melodía y la armonía de una vez y con un control preciso de tiempo."

La música es matemática. Está basado rítmicamente en fracciones de tiempo "a menudo en múltiples combinaciones simul-táneamente."

La música es un idioma extranjero. "La mayoría de los términos son en italiano, alemán o francés; y la notación . . . utiliza símbolos para representar ideas. La semántica de la música es el lenguaje más completo y universal. Se habla al alma.""

La música es historia. Ella "refleja el entorno y la época de su creación" y "mantiene la cultura de un pueblo vivo."

La música es la educación física. "Se requiere coordinación fantástica de los dedos, manos, brazos, pies, labios, mejillas," junto con el control muscular extraordinario.

»

HAZLO AHORA

Manten una variedad de instrumentos musicales en la caja de juguetes del bebé, y tocalos juntos. Las bibliotecas y museos para niños a menudo ofrecen una clase semanal de música. Tu sinfonía local puede tener un programa para niños también. Los programas nacionales basados en la investigación como Music Together y Kindermusik les envian a casa con un CD de las canciones que se aprenden.

«

La música es arte. Lo que creamos y obtenemos de él es "el humanismo, la emoción, el sentimiento—llamalo como tu quieras."

Hull continúa:

¡Es por esto que enseñamos la música!

No porque esperamos que se especialice en la música
No porque esperamos que juegue o cante música toda su vida
No sólo para que pueda relajarse y divertirse

Pero

. . . por lo que será humano
. . . por lo que reconocerá la belleza
. . . por lo que será sensible
. . . por lo que estará más cerca de un infinito más allá de este mundo
. . . por lo que tendrá algo para retener para el enriquecimiento
. . . por lo que tendrá más amor, más compasión, más suavidad
. . .en definitiva, más vida!
¿De qué valor será ganarse una vida próspera a menos que sepa vivir?
La música da beneficios para toda la vida.

Es por eso que enseñamos la música!

Usado con permiso

BUENO A SABER

Cuando uno escucha música, el cerebro utiliza muchas redes para procesar el ritmo, el timbre y el tono. No sólo las áreas auditivas del cerebro se iluminan, pero también lo hacen las áreas responsables de las habilidades motoras, las emociones y la creatividad.

Cuando los niños arrebatan juguetes, espera y verás

A los 18 meses de edad, mi niño y sus compañeros de juego agarraron fácilmente juguetes entre sí.

Los padres casi siempre intervinieron, desencajando los dedos de su bebé del juguete, devolviendolo, y regañando: "Ella estaba jugando con eso." Cuando los ojos del bebé se llena de lágrimas, los papas imploran, "Tenemos que compartir. ¿Puedes compartir?"

Bueno, no.

En un experimento, los niños podrían optar por dar de comer a un companero o no, pero conseguiría comida de cualquier manera. A los 25 meses de edad, el 57 por ciento decidió compartir. A los 18 meses de edad, sólo el 14 por ciento decidió compartir, a pesar de que llegó sin costo alguno para ellos.

Queremos que nuestros hijos sean capaces de jugar bien con los demás. Pero los niños son capaces de ayuda altruista sólo después de haber dado un par de pasos más en la escalera de desarrollo.

La cooperación comienza temprano

Note, sin embargo, cuan cooperativo y servicial es tu niño. Ella trata de alimentar su comida favorita a su compañero de juegos. Ella insiste en ayudarte a barrer el piso. No tenemos que enseñar estas cosas. Los seres humanos están diseñados para la cooperación (junto con la competición), dicen los antropólogos evolutivos; es cómo sobrevivió nuestra especie.

Es sólo que los niños pequeños no son buenos en la detección de cuando se necesita ayuda. Eso requiere la capacidad de adivinar los sentimientos y estado de ánimo de otras personas. Así que los niños entienden ciertos tipos de ayuda antes que otros.

»

«

Ayuda instrumental: Entre 12 y 14 meses de edad, el bebé comienza a ayudar con objetivos basados en la acción simple, como buscar o alcanzar un elemento. Alrededor de 18 meses de edad, la ayuda instrumental del bebé se expande para incluir la superación de los obstáculos, el uso de herramientas, y la comprensión de los medios para alcanzar un fin.

Ayuda empática: También alrededor de 18 meses de edad, el bebé comienza a expresar la preocupación por alguien y a consolar a los demás. Aún así, esta ayuda basado en la emoción es bastante limitada. A los 30 meses de edad, el bebé es más hábil. El bebé puede inferir los sentimientos e intenciones de otros, sin que les digan explícitamente, y a veces deducir las necesidades de alguien.

Ayuda altruista: Alrededor de 30 meses de edad, el bebé sabe lo que necesita una otra persona, pero tiene problemas para renunciar a algo de valor. A medida que los niños adquieren una mayor comprensión del sacrificio que el altruismo requiere, alrededor de los 3 años, están temporalmente aún menos dispuestos a compartir sus posesiones.

Ayúdame a ayudarte

¿Cuánta información necesita un niño para darse cuenta de que alguien necesita ayuda? En un estudio, dirigido por Margarita Svetlova en la Universidad de Pittsburgh, un adulto se hizo pasar por frío. Una manta estaba al alcance del niño, pero no el adulto. El adulto fue a través de señales cada vez más explícitas, cinco a siete segundos cada uno, hasta que el niño trajo la manta.

1. Gestos: Temblores, frotandose y abrazándose, diciendo: "Brrr."
2. Nombrando el estado interno: "Tengo frío."
3. Indicando una necesidad general de un objeto: "Necesito algo para hacerme cálido."
4. Etiquetando el objeto necesario: "¡Una manta!"
5. Solicitud no verbal: Mirando al niño, entonces a la manta, entonces al niño.
6. Solicitud verbal menos sutil: Gesticulando a la manta.
7. Solicitud verbal general: "¿Me puedes ayudar?"
8. Solicitud verbal específica: "¿Me puedes traer la manta?"

Adivina en qué punto el niño promedio de 18 meses lo descubrió. En el paso numero 6. Pero a los 30 meses? En el paso 2. A menos que fuera la manta propia del niño que tuvo que compartir. Entonces, los niños de 30 meses se resistieron hasta el paso numero 4. Por lo tanto, no es que un joven de 18 meses de edad no puede ayudar, cooperar o compartir. Sólo necesita instrucciones explícitas sobre el estado de mente de la otra persona. Es poco probable que los compañeros de tu niño ofrecerán este tipo de instrucciones—pero tu puedes.

Cuando los compañeros de juego agarran juguetes:

No hagas nada. *Los niños suelen resolverlo por su cuenta, si tu no intervienes y hacer una gran cosa sobre el juguete. Es una buena práctica para ellos. Ponte de acuerdo en esto con los otros padres antes de la invitación a jugar.*

Haz una solicitud directa. *"A tu amiga le gustaría jugar con el juguete ahora. ¿Puedes entregarle a ella? ¡Gracias por compartir!"*
"¡Tu amigo está jugando con el juguete ahora. Por favor, espera tu turno. Buen trabajo esperando."
"Tu amigo está jugando con el juguete ahora. Puedes pedir el juguete 'por favor', pero si ella no quiere darle a tí, tendrás que esperar."

Si un niño se enfada, empatiza con el y distraerlo.
"Tomaste el juguete de tu amigo, y lo hizo triste. ¿Puedes darle a tu amigo un juguete?"
"Tu amigo tomó tu juguete, y estas triste. Él va a tener un turno, y entonces tu puedes tener un turno. Ooh, ¡un camión de bomberos rojo! Ve cómo la escalera sube y baja?"

(Consulte la página 176 para obtener más información sobre Language of Listening® (el Lenguaje de Escucha), el marco utilizado aquí).

Jugar al autocontrol

El autocontrol es una de las habilidades más importantes que tu niño puede desarrollar.

Como te puedes imaginar, la capacidad para iniciar o continuar haciendo algo que prefiere no hacer (como la tarea), y la capacidad de dejar de hacer algo que quieres hacer (como ver televisión), es una fuerza poderosa en la creación de una vida exitosa.

Muchos, muchos estudios muestran que este es el caso. La destacada investigador Adele Diamond resume un estudio de referencia de 2011 por Terrie Moffitt, quien siguió mil niños durante treinta y dos años:

> *Los niños con peor autocontrol a edades de 3-11 (menos persistencia, más impulsividad y menor regulación de la atención) tienden a tener peor salud, ganar menos y cometer más crímenes 30 años más tarde que aquellos con mejor autocontrol como niños, controlando para CI (coeficiente intelectual), género, clase social y más.*

Autocontrol—también llamado autorregulación o control inhibitorio—es el núcleo de un conjunto de procesos del cerebro llamado la función ejecutiva. El control inhibitorio, la memoria a corto plazo, la atención y la flexibilidad cognitiva se combinan para permitir la solución de problemas, el razonamiento, la planificación y el retraso de la gratificación.

Al ser estudiantes, los niños con más autocontrol son más capaces de concentrarse y completar sus tareas, estan en mejores condiciones para prestar atención e ignorar las distracciones y son

más capaces de entender material nuevo.

La función ejecutiva comienza a desarrollarse durante el primer año de la vida del bebé. Pero no va a madurar plenamente hasta que tu bebé está en sus 20 años de edad. Eso es un montón de tiempo para practicar.

Hay muchas maneras atractivas para poner la "diversión" en la función ejecutiva:

Cuenta tus propias historias

A los niños les encanta la narración. Están mirandose el uno al otro, en lugar de estar mirando al libro, recibiendo interacción cara a cara. Y la falta de imágenes ejercita la capacidad del niño para prestar atención y recordar los detalles. Los niños recuerdan más de los personajes y la trama de la narración que de la lectura de libros, muestran los estudios.

Si no te siente cómodo contando historias, podrías comenzar por narrar tu día a tu bebé, y ampliar tu repertorio a partir de ahí. ¡Al bebé no le importa de lo que se trata la historia! Mis historias tienden a comenzar con "Había una vez una niña. . . " e involucran cualquier cosa exótica que pasó ayer. También puedes buscar eventos de narración de cuentos en los festivales, escuelas y librerías

Bailar, patear y hacer música

Ve si tu hijo disfruta de las artes marciales tradicionales, la danza o tocar un instrumento musical, especialmente con los demás. Todos estos requieren que tu hijo se concentre, preste atención durante largos periodos y tenga en cuenta las secuencias complejas: los pasos de la danza, las notas de la canción.

Diamond dice que también proporcionan alegría, dan un sentido de pertenencia social, desarrollan habilidades motoras, inculcan el orgullo y promueven la confianza en sí mismo—todo lo cual apoya el desarrollo de la función ejecutiva.

»

OTRAS MANERAS DE DESAROLLAR LA FUNCIÓN EJECUTIVA

Ejercicio. Esta es una de las mejores maneras de desarollar la función ejecutiva, entre otras cosas (consulta la página 12). Menos obvio, yoga y Tae Kwon Do (no competitivo) también han demostrado mejorar la función ejecutiva en niños.

Establecer metas desafiantes: A los 3 años, la construcción de la torre de bloques más alta, por ejemplo; a los 5 años, la construcción de una casa para pájaros.

Aficiones: Anima una pasión que requiere un esfuerzo activo de tu hijo.

Escuela Montessori: Los niños en este programa tienden a tener niveles más altos de la función ejecutiva y la creatividad.

Permitir errores: Consulta la página 156.

Un segundo idioma: Consulta la página 71.

Fantasía: Consulta la página 124.

«

Jugar juegos

Los juegos clásicos de niños son geniales, también. Recuerdo jugar varios de ellos cuando niña con mis padres y hermanas. No sólo son divertidísimos, sino que también ayudan a desarrollar la función ejecutiva. En un estudio, los niños en edad preescolar jugaron estos juegos durante treinta minutos dos veces a la semana. Después de ocho semanas, las puntuaciones de autorregulación de los niños fueron significativamente mejores, en comparación con los del grupo de control. Los investigadores, dirigidos por Megan McClelland de la Oregon State University, estudiaron a 276 niños de bajos ingresos en edad preescolar.

La clave es que la actividad se hace cada vez más difícil (con juegos, es posible aumentar la velocidad, añadir reglas o revertir las reglas) a medida que los niños entienden el juego. La música y el movimiento ayudan, también, para que los niños no tengan que permanecerse sentados por mucho tiempo.

Estos son los rasgos a buscar en los juegos que desarrollan la función ejecutiva:

Los juegos que requieren la inhibición de su propia reacción natural

Detenerse: Crea una lista de canciones que alterna entre tus canciones lentas y rápidas favoritas. Todos bailan cuando pones la música, y todos se detienen cuando oprimes el botón de parada. Bailar lentamente a las canciones lentas y rápidamente a las canciones rápidas, y después lo contrario.

Detenerse con colores: Pegar varios colores de papel de construcción en el piso. Seguir las reglas de arriba, excepto también sostener un color cuando la música se detiene. Todos tienen que correr y permanecer en ese color de papel antes de detenerse.

Conducting an Orchestra: Cuando una persona está "dirigendo," los otros juegan sus instrumentos (campanas u ollas y sartenes o lo que tengas). Cuando el conductor deja la batuta, el juego se detiene. A continuación, cambia la regla de modo que los jugadores juegan con rapidez cuando la batuta se mueve rápidamente, y viceversa. Tratar opuestos: cuando una persona está dirigendo, los otros dejan de jugar, y viceversa.

Juegos que requieren prestar mucha atención

Toques de tambor: Pensar en movimientos del cuerpo (como aplaudir, pisar fuerte, caminar o bailar). Emparejalos con las señales del tambor. Los niños podrían caminar rápidamente a tamborileo rápido, caminar despacio a tamborileo lento y detenerse cuando dejas de tamborilear. O podrían saltar a golpes de tambor rápidos y arrastrarse a golpes de tambor lentos.

Caminar en línea: Hacer un juego de caminar a lo largo de una línea en la acera, la línea entre tablones en un piso de madera, la cinta de pintores que has puesto sobre la alfombra o un tronco en el suelo.

Juegos que requieren flexibilidad cognitiva

Dormir, Dormir, Todos los Niños Están Durmiendo: Los niños fingen dormir mientras cantas "Dormir, dormir, todos los niños están durmiendo." Entonces escoge un animal que los niños tienen que imitar al ponerse de pie, diciendo: "Y cuando despertaron ... ¡eran monos!"

Juegos que requieren centrarse en una cosa sin tener en cuenta otros

Slug Bug: Cuando los niños ven un Volkswagen Beetle en un viaje, gritan

"¡Slug Bug!" o "¡Coche amarillo!" o lo que sea de color/modelo de coche/frase que ustedes eligen. Los niños pueden acumular puntos en lugar de otras recompenzas, si lo prefieres.

Alfabeto: Encontrar cada letra del alfabeto, en orden, en las señales de transito y los edificios (y, para un juego más rápido, en las placas de los carros) durante un viaje.

Los juegos que mejoran la memoria a corto plazo

Batir las Palmas: Corta un gran cuadrado, un círculo y un triángulo de papel de construcción. Haz que una persona elija una acción para cada forma, como batir las palmas (cuadrados); pisar los pies (círculo); y tocar la nariz (triángulo). El líder sostiene o apunta a las formas en orden (cuadrado, círculo, triángulo, repetir), realizando cada acción para demostrar. Entonces el líder indica las formas en orden mientras que los niños realizan las acciónes juntos. Tratar de ir cada vez más rápido. Intentar cambiar las señales para que los niños también deben practicar lo que aprendieron: tocar los dedos (cuadrados); levantar los brazos (círculo); saltar (triángulo). El líder continua indicando las formas en orden.

Me Voy de Vacaciones y Estoy Llevando . . . El primer jugador enumera un artículo que empieza con A. El segundo jugador repite ese tema y añade algo que empieza con B. El siguiente jugador repite los dos artículos y añade algo que empieza con C, etc.

Como son las funciones ejecutivas

	Niño
Control inhibitorio *capacidad de resistir la tentación de hacer una cosa y en su lugar hacer lo que es más apropiado*	• resiste una recompensa menor si se le da la opción de una mayor recompensa en el futuro • va al final de la línea en lugar de cortar • alcanza alrededor de una pantalla de vidrio en lugar de tratar de alcanzar directamente un artículo en el interior
La memoria a corto plazo *capacidad de mantener información en cuenta y trabajar con ella*	• conecta una frase de una canción a algo visto durante un paseo • hace un problema de matemáticas en su cabeza
Atención *capacidad de enfocar tu atención y resistir la distracción*	• se concentra en la construcción de un castillo, a pesar de un hermano corriendo alrededor • busca su mamá en el centro comercial, descartando a todo lo demás para ver sólo su rostro
Flexibilidad cognitiva *capacidad de cambiar perspectivas; capacidad para adaptarse a las demandas o prioridades cambiantes*	• cambia las estrategias cuando la acción no está recibiendo el resultado deseado • durante la fantasía, va con el flujo como personajes cambian

Adulto

- para de ver muchos videos de forma compulsiva como Breaking Bad, apagando la TV en lugar de hacer click en "Siguiente episodio"
- piensa antes de hablar
- va para la fruta en lugar de la torta después de resolver de comer más fruta y menos pastel

- relata algo leído en un libro de historia a un evento político actual
- reordena mentalmente los mandados en función de su distancia de la casa

- resiste la publicación en los medios sociales para completar un proyecto para el trabajo
- en una fiesta, se concentra en la conversación que lo ocupa, a pesar de que muchas personas están hablando

- ve el punto de vista de otras personas, o entiende sus razones para decir lo que dijeron o querer lo que querían
- encuentra una ruta alternativa cuando la ruta prevista está bloqueada
- se adapta cuando las cosas no salen según lo planeado

LA INVESTIGACIÓN

Muchos estudios muestran que las puntuaciones de la función ejecutiva de los niños en preescolar y kinder son más importantes que sus puntuaciones de CI (Coeficiente Intelectual) para el éxito académico posterior. Los niños pequeños con mejor función ejecutiva

- tienden a estar más de tres meses adelantados de sus compañeros en la alfabetización temprana,
- tienen mayores niveles de rendimiento académico desde la escuela primaria hasta la universidad,
- tienen mejores puntuaciones en pruebas estandarizadas, como el SAT,
- tienden a tener relaciones positivas con sus compañeros y maestros (son menos perjudiciales, desconsiderados o agresivos, que a su vez aumenta el rendimiento académico), y
- tienen más probabilidades de terminar la universidad.

Que hace una gran sala de juegos

No importa qué tan grande es tu espacio de juego o donde lo pones (lo nuestro parece ser en el centro de la sala de estar). Lo que importa es crear oportunidades para una variedad de experiencias.

Piensa en el arte, la ciencia y el juego imaginativo:

Instrumentos para hacer música. Ropa para

vestirse. Suministros para dibujar y crear accesorios. Un microscopio, una calculadora y conjunto de piezas para la ciencia. Periódicos y revistas. Bloques y más bloques, cajas de cartón y tubos, muñecas y copas.

Anima los intereses de tu hijo, no importa lo raro que sean. Si tu niño se obsesiona con algo (camiones de basura, hadas, dinosaurios), improvisa en el tema.

Tan a menudo como puedas, sal a ese otro cuarto de juegos maravilloso: el aire libre.

Fantasía

Un tipo de juego en particular tiene beneficios para el cerebro de tu hijo. Es cuando los niños se absorben totalmente en pretender ser alguien más.

Un tipo de juego en particular tiene beneficios para el cerebro de tu hijo. Es cuando los niños se absorben totalmente en pretender ser alguien más.

Con mucho animo los niños discuten quiénes van a ser y lo que van a hacer.

"OK, vamos a jugar a las casitas. Voy a ser la mamá."

"¡Quiero ser la mamá!"

"No, yo soy la madre y tu eres el bebé, y voy a darte de comer el almuerzo."

"OK, entonces llevamos el perro a pasear."

Y entonces ellos actúan su escena.

Se llama fantasía madura—un nombre que suena serio para algo tan divertido. Tal vez es porque este tipo de juego es en realidad bastante estructurado. Se requiere seguir las reglas de lo que significa ser una mamá o un bebé, y los pasos necesarios para hacer una comida o caminar un perro. Si un niño comienza a vagar fuera de esas normas, los otros niños lo traen de vuelta.

Lo que esto hace para el cerebro es construir la función ejecutiva: el conjunto de habilidades que permite a los niños a establecer metas, planificar, permanecer en su tarea y evitar la distracción (consulte la página 116).

LA INVESTIGACIÓN

En un programa de educación temprana llamado Herramientas de la Mente, los estudiantes pasan la mayor parte de su tiempo en actividades que construyen la función ejecutiva—jugar principalmente. En un estudio de 150 niños, los niños en aulas de Herramientas de la Mente anotaron el 30 por ciento a casi el 100 por ciento mejor en pruebas de la función ejecutiva que los niños del grupo de control. También fueron

- más creativos (cuando se les preguntó que pensaran en varios usos para objetos específicos, pensaron en tres veces más ideas),
- más fácil con el lenguaje,
- mejor en resolver problemas,
- la mitad de estrasados, y
- tienen más habilidades sociales.

Demostrar como crear fantasías

Edad 1 a 3 años: Modelar como pretender

Los niños están empezando a aprender a jugar con objetos de una manera fingida.

Enseña a tu hijo a jugar y a pretender. Toma una taza vacía e imagina beber de ella. Di, "Vamos a imaginar hacer la cena," mientras mezclas con una cuchara los ingredientes invisibles en una olla e pretender probarlo. Entonces di: "Ahora tu prepara la cena," y sigue lo que hace el niño.

Inventa un rol. "Vamos a suponer que somos ____ (papá, abuela, tía, tío) y estamos haciendo la cena." Demuestra lo que esa persona diría. "La abuela diría: —¿Quieres galletas para la cena?" Trata de usar el habla que el niño ha escuchado antes. Idealmente, los niños actuan y suenan como la persona que están jugando.

Establece un espacio de juego que es definido, coherente y accesible. No te apresúrate a guardar las cosas.

Ten accesorios alrededor, como ropa y zapatos viejos, carteras y maletines, y conjuntos de piezas medicas y herramientas de carpintero falsas.

Incluye bloques y objetos domésticos, como tazas y cucharas, que pueden convertirse en otras cosas con un poco de imaginación.

Evita los juguetes que "piensan" por el niño. Elije juguetes que son de un tamaño fácil de manipular para los niños, como muñecas de bebé que un niño puede vestir y desvestir, sostener y bañar.

Edad 3 a 5 años: Ayuda con las ideas, actua un rol

Los niños tienen una idea de cómo imaginar pero necesitan ideas de que imaginar.

Utiliza tareas, recados y situaciones cotidianas para establecer ideas de juego. Señala personas, y habla de lo que dicen y hacen. Tu hijo puede imaginar ser ellos cuando llegue a casa.

Representa un cuento que a tu hijo le gusta.

Inventa accesorios. No compres un uniforme de medico—en su lugar, utiliza una camisa vieja de un adulto y haz un estetoscopio de cordel con un círculo pegado. Crear algo simbólico toma más pensamiento.

Toma un papel secundario. Quieres que tu hijo dirija la escena de juego tanto como sea posible, diciéndote que debes hacer y que vendrá después. Por ejemplo, tu hijo podría ser el médico y tu podrías ser el paciente o el padre de un bebé enfermo.

Ayuda a tu hijo a ampliar los roles y añadir al guión. "Ahora, ¿que podría pasar después? ¿Podemos imaginar que tuvimos que ir al hospital en una ambulancia? ¿Qué más puede pasar?"

Después de jugar un rol y una escena varias veces, sugere un nuevo giro. ¿Qué pasa si fuera el médico en un barco pirata? En el espacio exterior? Pretende que el mismo rol suceda en un lugar diferente.

Introduce juegos simples con reglas. Juegos de mesa como Serpientes y Escaleras y Candy Land son una ampliación de imaginación.

Edad 5 años y mas: Los niños juegan sólos

Los niños pueden actuar escenas elaboradas por ellos mismos o con otros niños, usando accesorios que crearon.

Te convierte en más de un recurso, aportando ideas para ayudar a que funcione el juego, en lugar de ser parte de la obra.

Ten accesorios disponibles y materiales (bloques, pedazos de tela, mantas, papel, tijeras, pegamento) que los niños pueden utilizar para hacer sus propios accesorios.

Los niños comienzan a jugar más con pequeñas muñecas y figuras de acción en lugar de vestirse y actuar los roles ellos mismos. Pueden participar en el "juego de director", en el que hablan y actúan para las figuras, jugando varios roles y cambiando sus voces para cada uno de los actores.

Utiliza cuentos y la literatura como base para el juego. Anima a los niños a hacer sus propias versiones de historias familiares o a hacer historias completamente nuevas, y luego actuarlas.

Juega juegos de mesa y juegos de cartas con reglas simples.

Si tienes más de un hijo, ayuda al niño mayor a enseñar al hermano menor lo que debe hacer y decir.

Cultiva la creatividad

¿Cómo parecerá la vida a veinte y tantos años a partir de ahora, cuando tu bebé ha crecido?

Es casi imposible imaginar. Nuestro mundo es tan impredecible que navegarlo inteligentemente requerirá un poco de ingenio por parte de tus hijos.

La creatividad será una habilidad importante para un ciudadano del futuro. Ya sea que tus niños se conviertan en empresarios, artistas, comerciantes o académicos, o trabajen para empresas privadas, gobiernos u organizaciones no lucrativas, el mundo que los contrata estará buscando pensadores creativos.

Históricamente, la gente ha utilizado las pruebas de inteligencia para predecir el éxito de un niño en la escuela y en la vida más allá. Las pruebas de inteligencia dan una medida útil de las habilidades lingüísticas, logicas (Matemática) y espaciales. Pero los investigadores, los empresarios y los educadores estan cada vez más de acuerdo en que la creatividad— algo que las pruebas de CI no miden—es tan valiosa en nuestra sociedad que cambia rápidamente.

¿Se puede medir la creatividad? Se puede. El Test de Pensamiento Creativo de Torrance se ha utilizado durante décadas por las escuelas para evaluar las capacidades de los estudiantes para crear ideas que sean originales, diversas y complejas. Un ejercicio puede dar una línea curva con la instrucción "Terminar este dibujo", por ejemplo.

Cuando ves una escena durante una caminata, haz un juego de adivinar qué está sucediendo, qué lo causó y qué podría suceder a continuación.

Maneras de practicar la creatividad

La capacidad de pensamiento creativo es de un tercio la genética y dos tercios la práctica, según los estudios de gemelos separados al nacer. He aquí algunas ideas para el desarrollo de las capacidades creativas de tu hijo:

- Anima a tu hijo a convertir un interés en una pasión.
- Permite y anima a los errores. "Si no estás dispuesto a estar equivocado, nunca llegarás a hacer nada original", señala el experto en creatividad Sir Ken Robinson.
- Inscribe a tu hijo en programas para artes visuales, el teatro o la lectura.
- Reconoce los talentos de tu hijo y apoyalos.
- Muestra más interés en lo que tus hijos han aprendido que en sus calificaciones.
- Anima a tus hijos a descubrir múltiples soluciones para un problema.
- En lugar de dar las respuestas, dale a tu hijo las herramientas para encontrar las respuestas.
- Modela el concepto de pensar visualmente: cuando tienes un dilema espacial, como la forma de reorganizar sus muebles, dibujala con tu hijo.
- Utiliza analogías y metáforas para estimular nuevas formas de pensar.

Compilado de entrevistas publicadas con Paul Torrance y Sir Ken Robinson

¿Cómo podría ayudar a tu hijo a convertir un interés en una pasión? Sumergirse completamente. Si tu hijo se siente atraído por los mapas, puedes llenar su habitación con mapas, jugar juegos de geografía, hacer un mapa tridimensional de su calle en plastilina, buscar mapas inusuales en tiendas de antigüedades, usar papel de calcar para crear mapas, hacer geocaching, ayudarlo a fotocopiar el mapa de la ciudad y trazar la ruta para las salidas del día, observar varias representaciones de una ubicación (fotos aéreas, mapas que muestren topografía, clima o recursos), pensar en cómo cambiaría un mapa si fuera un planificador de la ciudad, llevarlo a visitar a un cartógrafo...

Pregunta "¿Por qué?" y "¿Qué pasa si?"

Nadie hace más preguntas que niños de 4 años de edad. Y luego van a la escuela.

Los niños "aprenden rápidamente que los profesores valoran las respuestas correctas más que las preguntas provocativas", dice el investigador Hal Gregersen en *Harvard Business Review*. "Y en el momento en que están grandes y están en entornos corporativos, su curiosidad ya ha sido eliminada."

¿Cómo se puede crear un ambiente donde tu hijo puede seguir preguntando "¿Por qué?" y "¿Por qué no?" y "¿Qué pasa si?"?

Se un guía turístico

Constantemente describiendo y explicando el mundo que te rodea es una manera. Me gusta esta historia de un padre que se queda en casa (que también es un bloguero de finanzas personales):

> *Suelo pasar unas seis horas al día jugando y aprendiendo con mi hijo. Yo me veo a mí mismo como uno de esos aparatos automatizados de guía turístico con que se puede caminar en un museo, excepto que estoy disponible para él donde estemos en la vida.*
>
> *"¿Por qué inundó el agua del arroyo esta presa que hicimos ayer, Padá?"*
>
> *"Bueno, ¿te diste cuenta cómo hace calor afuera hoy? Mira el termómetro en mi reloj—86 grados Fahrenheit, o 30 grados Celsius. Ahora mira hacia las montañas, de donde viene este arroyo. ¿Qué crees que está pasando a la nieve en un día caluroso como hoy?"*

Extraído con permiso de "Avoiding Ivy League Preschool Syndrome" (Evitar el Síndrome 'Ivy League' Preescolar), mrmoneymustache.com

Trato de hacer lo mismo con mi niñita. A ella le encanta hablar de bicicletas, poner los cascos y girar los pedales de las bicicletas que pasamos en la acera. Así que cuando mi bici tuvo una llanta desinflada, le dejé apretar cada llanta para sentir la diferencia, me ayudar a quitar la llanta y empujar la bomba de aire. Era más interesante para nosotros que espantarla lejos del trabajo sucio.

Otro día, cuando ella no paraba de coger algunas velas de un estante del armario, tomé una en una habitación oscura. Ella se sentó en mi regazo mientras yo la encendí. Hablamos en voz baja acerca de lo hermoso que es el fuego, y cómo una llama es caliente si la tocas. Sostenía un pequeño dedo sobre la llama antes de alejarse: la versión de bebé de jugar con fuego.

¿Por qué no?

¿ES DIFÍCIL PENSAR DE MANERA DIFERENTE?

¿Es difícil pensar de manera diferente?

No para un niño de 4 años de edad. Pero más del 60 por ciento de los adultos en un estudio de Harvard dijo que es incómodo o agotador pensar diferentemente. Sin embargo, si los adultos practican varias veces, informan que se hace energizante.

Conectar

Mini manifiesto: Vamos a pasar más tiempo en el piso con nuestros hijos. Vamos a cambiar los cochecitos por los portadores y los viajes en coche por caminar. Vamos a pasar más tiempo mirando a los ojos del otro, y menos tiempo mirando a nuestras pantallas. Vamos a realmente conocernos.

Pide ayuda

"Siento como que debería ser capaz de manejar esta situación."

Eso es lo que dijo mi vecina en la explicación de por qué ella no había aceptado mi oferta para cuidar a sus niños. "No, está bien", dijo otro amigo mientras hacía malabares con ambos niños en el baño del restaurante en vez de dejarme entretener a un niño en su silla de bebe.

Es difícil pedir ayuda. No queremos ser una carga para nadie, o pensamos que necesitar ayuda es un fracaso por nuestra parte, que se supone que debemos ser capaces de manejar esta cosa de crianza por nosotros mismos.

Si algo te impide pedir ayuda, por favor superalo.

Imaginate si un amigo te pidió ayuda. Serías muy feliz en hacerlo (a menos que tu bebé es de 0 a 6 meses de edad, en cuyo caso todavía estás en estado de shock).

Pero nos hemos olvidado colectivamente que es imposible criar a un ser humano sin ayuda. No es una cuestión de si eres mentalmente lo suficientemente fuerte como para hacerlo. Nuestra especie no evolucionó para criar a los hijos en aislamiento, y sólo recientemente se ha convertido en una experiencia típica. Una y otra vez, he visto las auto-expectativas poco realistas que conducen al aislamiento, la depresión, la desesperación o la culpa.

Muchas manos hacen el trabajo ligero

Yo no entendía realmente lo que significaba "Se necesita una aldea para criar a un niño" hasta que me encontré en una suite de dos dormitorios en un hotel un fin de semana con mi niña, mi mamá, dos hermanas, mi sobrina de 14 años de edad y mi sobrino de 9 años de edad. A medida que nos reconectamos, mientras nos maquillábamos y contabamos historias de la familia, mi bebé corrió alrededor de la suite. Quién estaba cerca la miraba. ¡Qué diferencia!

La carga no era demasiado grande en cualquiera de nosotros. Se sentía fantástico. Y yo sentía esa sensación de alivio, aunque tengo un marido muy atento, diez horas semanales de cuidado de niños, queridos amigos y mucha paciencia.

Si no has pasado mucho tiempo alrededor de los bebés antes de tener el tuyo propio

(yo no tenía), tu idea de la cantidad de trabajo que necesita un bebé puede ser muuuuy chiquita. En una cultura tribal, no es raro para catorce personas ver a un bebé en un lapso de ocho horas. Así que construye más de una red de apoyo de lo que crees que necesitas.

A menos que tus padres o hermanos esten planeando mudarse al lado tuyo, necesitarás construir una comunidad a través de amigos y vecinos. (Consulta la página 8 para ideas.) Una vez que hayas hecho esto, en realidad utilizalo.

Mi vecina y yo estuvimos de acuerdo en que ella habría aceptado mi oferta para cuidar a su niño si yo hubiera dicho algo como: "Estoy libre el jueves para pedir prestado a tu bebé. Qué hora es buena para tí?" Así que eso es lo que dije la próxima vez que ofrecí mi ayuda—y ella me dijo, "Mediodía."

¡Pide!

Elije la empatía primero

Aquí está una de las mejores cosas que puedes hacer para tu matrimonio: en una situación emocional, asegurate que la empatía sea tu primera respuesta.

A menudo nos saltamos a ofrecer consejos, hacemos de abogado del diablo, defendemos a la persona que está molestando a nuestra pareja o cambiamos de tema. Todo lo que nuestra pareja realmente quiere es la empatía: para que nosotros nos identifiquemos con lo que está sintiendo.

Así que realmente escucha. Demuestra que entiendes cómo se siente tu pareja.

"Lo siento. Odio cuando pasa eso. Puedo entender cómo eso sería frustrante."

"Oh, nena, eso es tan decepcionante. Sé que habías fijado tu corazón en eso."

"Te escucho. Eso nunca se siente bien."

¿Qué hace la empatía

La empatía calma literalmente el cuerpo. El cerebro utiliza el nervio vago para monitorear y controlar el estado de tus órganos. Cuando el cerebro percibe la empatía, señala al nervio vago para relajar el cuerpo y disminuir su ritmo cardiaco o disminuir su presión arterial.

Por qué la empatía es clave para las relaciones

La empatía es poderosa en un matrimonio porque una resolución no existe para la mayoría de los desacuerdos. Las personas involucradas simplemente tienen valores, motivaciones y deseos diferentes. Tu mejor camino a través del conflicto es mostrar simplemente la comprensión.

Uno de los conflictos perpetuos entre mi marido y yo es que soy un ave nocturna y él es un madrugador. Si me quedé despierta hasta muy tarde, mi marido solía sermonearme acerca de la responsabilidad personal. Pero él es más empático estos días.

"¿Has dormido bien?" preguntó.

"No, tal vez cuatro horas," dijé. "Me quedé despierta hasta muy tarde."

"Lo siento," dijó. "¿Qué puedo hacer para ayudar?"

La primera vez que recibí ese tipo de respuesta, el alivio y gratitud fluyó a través de mí. Me sentí apoyada en lugar de atacada. Me sentí más cerca de mi marido en lugar de en desacuerdo con él. Eso es algo increíble para ocho pequeñas palabras.

PRUEBA ESTO

Elegir la empatía primero con nuestro recién nacido, también, fue una gran ayuda. Tener en cuenta la perspectiva del bebé (tan a menudo como pudimos) nos ayudó a eliminar la irritabilidad en pasar otra hora meciendo al bebé, o cambiar todavía otro pañal en el medio de la noche. Mi marido era muy bueno en esto. "Siento que estás triste", solía decirle a nuestro recién nacido llorando. "Debe ser difícil ser un bebé." O "Vamos a cambiar el pañal. Sé que siempre me siento mejor con un pañal limpio." Eso siempre me hizo reír.

La empatía funciona bien a medida que el bebé crece, también. Si tu hijo quiere algo que no puede tener, por ejemplo, trata de decir: "Sí, eso sería tan bonito ¿no? No podemos hacer eso ahora mismo, por (cualquier razón que tengas), pero podemos hacer esto otro."

O "Sí, que te gustaría más arándanos. Lo sé, ¡eso sería un sabor tan bueno! Acabas de comer mucho, así que vamos a esperar hasta más tarde para comer más."

O "Esas son tijeras. Te gustaría jugar con ellas. Son puntiagudas, y te podrían hacer daño, así que voy a ponerlas afuera. Pero podemos dibujar en su lugar."

El bebé se siente escuchado, y tu conversación cambia en lugar de ser una frustrante serie de "No, no toques eso", "No, no hagas eso", y "No, no puedes tener eso."

Crea más altas que bajas

Cada matrimonio tiene conflictos.

No importa si ustedes dos tienden a comprometer con calma, tener grandes arranques y luego hacer las paces, o rara vez confrontar sus diferencias. Los tres estilos de lidear con los inevitables conflictos pueden crear relaciones felices y estables.

Lo importante, el investigador matrimonial John Gottman dice, es que tu matrimonio tenga más interacciones positivas (tocar, sonreir, complementar, etc.) que negativas. En los matrimonios felices, es una proporción de cinco a uno. No es que hacen un seguimiento, exactamente.

Resumiendo treinta y cinco años de investigación, Gottman dice que las parejas felizmente casadas

- se comportan como buenos amigos,
- manejan sus conflictos de maneras suaves y positivas,
- reparan las interacciones negativas durante una discusión y
- procesan plenamente las emociones negativas.

Por otro lado, Gottman encontró cuatro comportamientos corrosivos que, si las parejas se involucran en ellos regularmente, conducen al divorcio en un promedio de cinco años y medio:

Crítica: la declaración de tus quejas como un defecto de la personalidad de tu pareja.

Por ejemplo: "Siempre dejas regueros por ahí para mí para limpiar. ¿Por qué tienes que ser tan perezoso?" En lugar de "Te agradecería si podríamos lavar los platos juntos."

Desprecio: hacer declaraciones desde una posición de superioridad, a menudo mientras estas pensando que la otra persona es un idiota total. ("Esa no es la manera correcta de hacerlo.")

Actitud defensiva: negar la responsabilidad ("Yo no habría hecho . . . si tu no habías hecho . . ."), culpar a circunstancias fuera de tu control o responder inmediatamente con su propia queja ("No eres perfecto tampoco"), en lugar de reconocer la queja de tu pareja.

Obstruccionismo: en vez de dar las señales usuales que estás escuchando (asintiendo con la cabeza, "mm-hmm", "continuar"), te sientas en un silencio sepulcral.

> *"En lugar de ponerse a la defensiva y dañosas, [maestros del matrimonio] sazona sus disputas con destellos de afecto, interés intenso y respeto mutuo."*
>
> ***John Gottman, The Relationship Cure***

Es la forma de manejar tus conflictos—no una falta de conflicto—que crea una buena relación. Lo mismo es verdad en tu relación con tus hijos.

LA INVESTIGACIÓN

John Gottman, uno de los principales investigadores de matrimonio y crianza de los hijos de esta nación, dirige el "Love Lab" en la Universidad de Washington. Él ha pronosticado con 94 por ciento de éxito si las parejas van a quedarse juntas. Gottman ha estudiado más de tres mil parejas para investigar por qué algunos matrimonios terminan en divorcio y otros siguen siendo fuertes.

Conoce a tu hijo

Los niños tienen sus propios temperamentos.

Algunos bebés están calmados, tranquilos, y compuestos. Comen de todo, desde borscht de remolacha hasta la quinua con coco. Lluvia? Sol? Genial. Ellos quieren estar afuera. Si se enojan, no dura. Si explicas por qué no pueden tener algo, por lo general lo aceptan. Si les muestras algo, quieren probarlo.

Otros bebés son mucho más sensibles al cambio. A ellos les gusta comer la misma cosa al mismo tiempo de la misma manera. Se quedan atrás timidamente. Se sobresaltan y lloran al ver un juguete o una persona no familiar. Por otro lado, son muy leales, con el tiempo. Son cautelosos acerca de tratar de hacer cosas nuevas.

Otros bebés corren sin pensar a lo que les interesa—y todo les interesa. Tienen una energía ilimitada; sus padres se convierten en velocistas, anticipadores sobre la alerta y redirectores rápidos. Estos bebés son increíblemente persistentes, incluso manipuladores. Sensibles a los cambios, sus estados de ánimo son intensos.

Ellos han nacido así.

Los investigadores Stella Chess y Alexander Thomas fueron los primeros en clasificar el temperamento. Recogiendo datos sobre casi 140 niños desde 1956 hasta 1988, Thomas y Chess identificaron nueve dimensiones de temperamento: actividad, regularidad, reacción inicial, adaptabilidad, intensidad, estado de ánimo, distracción, persistencia/capacidad de atención y sensibilidad.

Debido a este trabajo, los investigadores reconocen ahora que los bebés nacen con un temperamento, que es bastante estable a lo largo de la infancia, que los padres tienen una influencia limitada sobre ella y que influye su propio estilo de crianza, también.

Thomas y Chess encontraron que el 65 por ciento de los niños cayó en las tres siguientes categorías, y el resto de los niños eran una combinación:

TIPOS DE TEMPERAMENTO		
Flexible / Fácil 40% de los niños	**Enérgico / Lleno de vida/ Difícil** 10% de los niños	**Cauteloso / Lento en aceptar desconocidos** de los niños
más bien adaptable	no se adaptan fácilmente a los cambios	no se adaptan fácilmente a los cambios
patrones regulares de comer y dormir	patrones irregulares de comer y dormir	patrones regulares o irregulares de comer y dormir
se acercan a nuevos estímulos con facilidad	se retiran de nuevos estímulos	se retiran de nuevos estímulos
reaccionan ligeramente al cambio	reaccionan intensamente al cambio	inicialmente reaccionan ligeramente al cambio, pero forman una opinión después de múltiples exposiciones

Ningún temperamento es mejor que otro

De las nueve dimensiones que Thomas y Chess identificaron, ningun aspecto es ideal en todas las situaciones. La persistencia podría ayudar a tu hijo a ser parte del equipo, y al mismo tiempo te desgasta durante desacuerdos. La timidez puede proteger a tu hijo de convertirse en un alborotador, y al mismo tiempo, significa que tu hijo pierda oportunidades en la escuela.

Aunque el temperamento puede permanecer relativamente estable, la expresión del bebé no lo hace. Un niño tímido puede aprender a ser más cómodo socialmente con orientación suave, por ejemplo. El investigador Jerome Kagan descubrió que los niños en los extremos del espectro migran hacia el centro del espectro a los 7 años.

El temperamento no predice en que tu hijo se convertirá, tampoco predice lo que tu hijo no va a ser.

Crear un buen encaje

¿Qué vas a pensar del temperamento de tu bebé? Eso depende del tuyo. Cualquier temperamento te parecerá difícil de soportar si no coincide con tus propios valores, estilo y expectativas.

"Goodness of fit", (el mejor encaje) Thomas y Chess lo llamó.

Si tú y tu bebé no son, naturalmente, una buena pareja, puedes crear una mejor ajustando tus expectativas, tu estilo y el medio ambiente del bebé (como encontrar maneras para que un niño travieso pase más tiempo al aire libre). Incluso si tú y tu bebé son una buena pareja, se necesita tiempo para conocer a tu hijo y entender cómo criarlo en consecuencia.

Por ejemplo, mi niña se mostró confiada en probar cosas nuevas, así que supuse que se sentiría comoda inmediatamente al unirse a un grupo de gente nueva. La pondría en el centro y daría un paso hacia un lado. Ella vendría a abrazar a mi pierna. Yo estaba un poco decepcionada. Pero pronto me di cuenta de que tenía que sentarme con ella o sostenerla por un minuto, y luego volvería a participar felizmente.

Un bebé temperamental

No importa el temperamento del bebé, a veces él estará temperamental. Hay la "hora de las brujas" en la noche, cuando por alguna razón los recién nacidos están súper exigentes y nada de lo que haces ayuda.

Hay la repentina aparición del "¡No!" insistente de los niños pequeños a todo lo que haces ("¡No, eso es mi pierna!", cuando le puse los pantalones). Y como el sentido de sí mismo del bebé continúa a surgir, hay el terco "¡Por mi mismo!", O "¡Yo lo hago!" —especialmente cuando no tienes tiempo para que el bebé "lo haga."

Criar a un bebé energético

Niños "energéticos" son los más difíciles para cualquier persona a criar, ya que tienden a estar irritables y reaccionan grandiosamente a las cosas pequeñas. Algunas cosas que puedes hacer para ayudar:

Mantente connectado. Con el tiempo, los estudios muestran que las madres tienden a retirarse de los bebés muy reactivos, ignorandolos cada vez más y jugando menos con ellos. Contrarresta esta tendencia y acercate a cada encuentro con empatía y la comprensión de que lo más importante es que el bebé se sienta seguro.

Obtén entrenamiento. En un estudio, los padres de los bebés "energeticos" de 6 meses de edad recibieron tres meses de entrenamiento en ser sensibles a las necesidades de sus hijos. A los 12 meses de edad, 70 por ciento de los recién nacidos se consideraron firmemente conectados a sus padres, en comparación con el 30 por ciento de los bebés cuyos padres no recibieron el entrenamiento. Puedes buscar una clase para padres o un entrenador de los padres, o leer *Raising Your Spirited Child* por Mary Sheedy Kurcinka.

Comprometete a la constancia. Los padres de niños altamente reactivos tienden a ser irregulares en su disciplina, lo que lleva a un niño a ser más altamente reactivo.

Desactiva los conflictos. Si el niño y su madre tienen temperamentos muy reactivos, es probable que el niño se convierta en más, no menos, desafiante y agresivo. Cuando tú estás molesto, tomate un tiempo para calmarte (página 199) para evitar la escalada de conflictos.

Muchos de mis amigas se ponen ansiosas de que dejo a mi bebé subir una pared de escalada para niños más grandes o la dejo vagar un poco más lejos cuando estamos afuera. Y yo me pongo ansiosa que no dejan que sus hijos hagan estas cosas. Por supuesto, cada uno de nosotros conoce a nuestros bebés, y por lo general estamos haciendo lo correcto para ellos (y nosotros).

Pero como nuevos padres, inseguros de nuestras opciones, es fácil sentirse juzgado.

Trata de salir de la desaprobación de los demás, ayudándoles a comprender a tu bebé. "Ella necesita tiempo para estar comoda con nuevas personas; es mejor si dejas que ella venga a ti", se podría decir de un bebé tímido. O "Sí, él es energético. Realmente admiramos que pone todo su corazón en las cosas."

Realiza reuniones semanales familiares

¿Cuándo vas a hablar de cómo están funcionando las cosas (o no están funcionando) en tu familia?

¿Mientras que ustedes están todos corriendo a la escuela y al trabajo? ¿En medio de una rabieta o argumento? ¿Durante la comida que ustedes comen juntos, cuando se prefiere hablar del día de todos?

Prueba una reunión familiar semanal de veinte minutos en su lugar. Según Bruce Feiler en *The Secrets of Happy Families*, los que lo hacen reportan

- menos estrés, más comunicación y más productividad;
- los niños llegan a soluciones creativas de sus propios problemas; y
- el proceso de tomar decisiones más tranquilo ("Veo que estás molesto por esto. Vamos a ponerlo en nuestra agenda de la reunión familiar")

¿Cómo funciona?

Establece un día y la hora, como domingos por la noche, cuando prometen no programar otras cosas. La reunión debe centrarse en la familia como una unidad y no en los individuos. Involucrar a los niños alrededor de los 3 años.

Plantear tres preguntas:

1. **¿Qué funcionó bien en nuestra familia la semana pasada?**
   Podrías comenzar con cada miembro de la familia diciendo un halago a todos los demás miembros de la familia: "Me gustó cuando. . ." o "Me gustó que. . .."
2. **¿Qué no funcionó bien en nuestra familia la semana pasada?**
   Manteneralo civilizado.

3. **¿En qué vamos a trabajar en la semana que viene?**
Eligir uno o dos problemas en que centrarse, y proponer soluciones juntos. No rechazar cualquier idea enseguida; que apaga el pensamiento creativo. Reunir todas las ideas, evaluarlas como una familia, y eligir una solución juntos. Estar de acuerdo en probarlo por una cierta cantidad de tiempo, y a continuación, volver a evaluarlo en una reunión familiar más tarde.

Reservar un par de semanas para que todos puedan practicar y sentirse cómodos con el concepto. Después, algunas familias ven una película o salen por un helado, por lo que la idea de una reunión semanal es más divertida.

PROBLEMA RESUELTO

Comida desperdiciada en el plato después de la cena: ese fue el tema del programa en la reunión semanal de la familia Natkin. Durante la sesión de lluvia de ideas, los niños llegaron con varias ideas:

"¿Por qué no contamos la comida?" (Mamá estaba

pensando: ¿guisantes individuales, o qué?)

"¿Por qué no nos servimos la cena al estilo familiar?"

(Mamá estaba pensando: Eh, que ya hacemos eso.)

"¡Pesemos la comida!"

Todos estuvieron de acuerdo que valía la pena intentarlo. Así que cada noche, después de servir los platos, y otra vez después de la cena, cada plato se pesó. Siguieron y publicaron los números de cada persona.

"Yo no creía que la idea iba a funcionar", dice Sarina Natkin. "Pero es mejor probarlo."

Dentro de tres noches, los residuos de alimentos cayeron de pico. Los niños estaban sirviendose menos alimentos o comiendo más; de cualquier manera, el seguimiento había creado conciencia y responsabilidad.

Pronto no tuvieron que pesar los platos nunca más. Natkin estaba asombrada.

"Pasar por este proceso juntos como familia", dice ella, "hace mucho más para cambiar el comportamiento que yo diciendo: "Esto es lo que va a pasar."

Deja tu teléfono

Puedo oír tus protestas ya: ¿Es una medida tan *extrema* realmente *necesaria*?

La ciencia no se puede decir con seguridad. No hay ninguna investigación definitiva (todavía) sobre los efectos de los teléfonos inteligentes y otros aparatos digitales. Pero sí sabemos un par de cosas importantes acerca de nosotros mismos como seres humanos, y estas cosas pueden ayudar a informarte cómo y cuándo utilizar el teléfono.

Somos animales sociales. Nos esforzamos en la interacción cara a cara, y no funcionamos bien sin él. La interacción humana es tan importante que, en los primeros años del bebé, es lo que enciende el cerebro para ciertos tipos de aprendizaje (consulte la página 71).

Lo más importante en la vida de tu hijo son sus relaciones. Con ustedes, con sus hermanos, con los amigos; finalmente, con sus compañeros y profesores, con colegas y jefes, con parejas románticas, con sus propios hijos. ¿Que crea buenas relaciones? Las cosas que aprendemos a través de un montón de interacción cara a cara: habilidades de comunicación, la empatía y el control de nuestros emociones y comportamiento. Una gran parte de la comunicación es no verbal: la interpretación de las expresiones faciales, los gestos y el lenguaje corporal.

Los niños necesitan un montón de práctica en leer a otras personas. Los estudios muestran la cantidad de tiempo que se necesita para entender la comunicación no verbal:

- Los niños de tres años de edad son mejores que los de dos años en la comprensión de las expresiones faciales que añaden significado a una expresión (como un aspecto que implica que "necesitas hacer esto" con una directiva para limpiar los juguetes).
- Los niños de cuatro años de edad son capaces de identificar y comunicar las emociones en el movimiento del cuerpo mejor que el azar; los de cinco años de edad son aún mejores en hacerlo.

- Los niños de ocho años de edad son tan buenos en la lectura de las señales no verbales como los adultos.

Los niños no pueden practicar la lectura de las personas si uno (o ambos) de ustedes está perdido en un dispositivo.

Las grandes relaciones son el secreto de la felicidad. Estando realmente presente con tu hijo, pareja y amigos crea relaciones más satisfactorias. Y esa es la clave de la buena vida.

PROHIBICIÓN DE TELÉFONOS

Tengo una prohibición personal en revisar mi teléfono o abrir mi portátil cuando el bebé está cerca.

Fallo al menos una vez al día. Pero puedo ver que vale la pena intentarlo. Se que mis aparatos digitales me tientan por más tiempo que yo pretendo. Y puedo ver que mi bebé está molesto por haber sido ignorado—tal como yo soy cuando me gustaría comunicarme con alguien y él es más extasiado por una pantalla brillante.

Así que envio un mensaje de texto rápido en la cocina mientras la bebé está ocupada en su silla de bebe. Quizás reviso mi telefono antes de salir a correr, cuando ella está de espaldas en el cochecito. He apagado la sincronización automática por correo electrónico, asi no veo un indicador visual en mi teléfono que tengo correo, y siento la necesidad de leerlo en ese momento. A menudo mi teléfono está configurado para que vibre, así que no es una distracción. Mi portátil está escondido hasta la hora de la siesta o la hora de acostarse.

No estoy diciendo que debemos evitar los aparatos digitales por completo. Pero vale la pena tener en cuenta la cantidad de nuestro tiempo que ellos toman, y cómo y cuándo debemos utilizarlos (página 154).

En estos días, se necesita un esfuerzo para crear condiciones que promuevan, no desaliente, la interacción cara a cara.

(Casi) no televisión antes de los 2 años

¿Qué tiene de malo un poco de televisión? La mayoría de la gente diría: "Nada."

Debe ser por eso que el 40 por ciento de los bebés están viendo la televisión a los 3 meses de edad, y 90 por ciento de los bebés están viendo una o dos horas de televisión o videos por día a los 2 años.

Cuando la Academia Americana de Pediatría publicó su declaración de política de 1996 en la televisión para los niños, la mayoría de los medios de comunicación informaron la postura del AAP como "cero TV antes de los 2 años." Eso es ampliamente visto como poco realista. En una actualización de 2013, la AAP "desalienta" la TV.

De cualquier manera, ¿cuál es el problema con la TV para el bebé? Algunas cosas.

- **No hay efectos positivos conocidos para los bebés que ven la tele.** Ni siquiera los videos educativos comercializados para bebés. El cerebro humano está cableado para aprender de los humanos, al menos al principio. La interacción cara a cara actúa literalmente como un guardián para el cerebro, para determinar si ciertos tipos de aprendizaje van a suceder o no.
- **El TV daña las habilidades lingüísticas.** Los bebés que veían vídeos de *Baby Einstein* sabían menos palabras de vocabulario que los bebés que no veían. Los resultados del estudio fueron una reversión de las afirmaciones del producto que Disney, quien produjo los videos, ofreció reembolsos a los padres. Dos estudios encontraron que *Sesame Street* daña el lenguaje expresivo para los niños menores de 2 años de edad (aunque después de 2 años ayudó en otras áreas, como preparación para la escuela).
- **Cuando el televisor está encendido, los bebés no están interactuando.** Los niños no reciben la interacción cara a cara. No te están oyendo hablar. No están explorando o jugando o en movimiento—actividades claves para el desarrollo.

El bebé no está interactuando . . . um, ese es el punto, ¿no? La TV no es para el bebé; es para el descanso aparte del bebé. Se pone al niño a permanecerse sentado durante treinta minutos en lugar de, por ejemplo, vaciar todos los cajones mientras que estás tratando de limpiar la casa. Videos "educativos" simplemente te hacen sentir menos culpable.

Tal vez los problemas reales son estos:

Los padres necesitan un descanso, y no estamos pidiendo la ayuda que necesitamos a nuestros parejas, vecinos, familiares y amigos. (Consulte las páginas 8 y 134 para ideas.)

Los padres quieren hacer cosas. Esto es mucho más fácil cuando el bebé está ocupado. Pero es menos estresante si podemos alinear nuestras expectativas con nuestra nueva realidad. Sabiendo que el bebé es la prioridad cuando estamos juntos evita la tensión creada por las prioridades que compiten. Claro, haremos menos. Sí, cualquier tarea llevará cinco veces más tiempo. Por otro lado, ¿que hay de malo con eso?

UN POQUITITO DE TELE

Mi esposo y yo tenemos una norma de no TV. Claro, nuestro bebé ha visto algunos programas de televisión. Hubo un momento cuando una niñera preguntó si el bebé podría ver vídeos en su teléfono celular, y luego se le escapó: "¡A ella le encanta!" Hemos visitado la gente acostumbrada a tener el televisor encendido durante la cena, y hemos hecho excepciones por playoffs deportivos.

Pero me gusta nuestra prohibición de televisión. Definitivamente nos hace más conscientes de cuando el televisor está encendido. Y está claro que el bebé recibe más (y más interesante) interacción de nosotros cuando el televisor está apagado. Eso encaja con la investigación que muestra que cuando el televisor está encendido, la interacción de los padres con sus hijos cae en un 20 por ciento.

También estoy aliviada de que la política de la AAP no es una prohibición total. Una cosa menos de que sentirse culpable.

Un poco de televisión después de 2 años de edad

Después de 2 años de edad, los niños pueden aprender algo valioso de programas de televisión interactivos.

Busqua programas donde los personajes

- hablan directamente con tu hijo y
- proporcionan oportunidades para que tu hijo responda yaprenda los nombres de los objetos.

Programas educativos con esas características, como *Blue's Clues* y *Dora the Explorer*, pueden mejorar el vocabulario, las habilidades sociales y la preparación escolar. Common Sense Media (commonsensemedia.org) tiene calificaciones y comentarios para ayudarle a elegir.

¿Qué tiene de mágico la edad de 2 años? Alrededor de entre 18 meses y 30 meses, los investigadores encontraron, la capacidad del niño para procesar información cambia, y los niños son más capaces de centrar su atención en la televisión. Con la exposición repetida a una pantalla, los niños aprenden cómo extraer información de ella.

Vocabulario

Después de ver programas interactivos, los niños en un estudio sabían más palabras de vocabulario que los niños del grupo de control (y un menor número de palabras del vocabulario después de ver programas no interactivos). Consulte la tabla a la derecha.

Habilidades sociales

Examen sorpresa: ¿ Debe tu hijo de 3 años de edad ver el dibujo animado crudo y adulto *King of the Hill* (Rey de la colina)? O ¡¡*Wonder Pets!* de Nickelodeon, sobre los jugadores de un equipo? Un estudio reciente muestra que se puede reducir la agresión física en niños de edad preescolar cambiando programas adultos con temas agresivos por programas infantiles con un mensaje pro-social (que muestran empatía, ayudar a los demás o la resolución de conflictos sin violencia).

Preparación para la escuela

Niños de bajos ingresos y de ingresos moderados que veían programas educativos (como Sesame Street, Mr. Rogers y 3-2-1 Contact) tuvieron resultados de las pruebas académicas superiores tres años más tarde que los niños que no vieron esos programas.

DISPOSITIVOS DIGITALES: DOS DIRECTRICES EMERGENTES

Cuanto más social es una tecnología, mejor. Si dos niños tocan una pantalla juntos, por ejemplo, aprenden el doble que cuando vuelan solos.

Cuanto más responsivo sea una tecnología, más podrá aprender un niño de ella. Si niños tienen que tocar la pantalla para escuchar fragmentos del lenguaje, por ejemplo, aprenden más que de una experiencia pasiva.

El problema con más de dos horas al día de TV

Los niños pueden aprender de una pantalla, pero la Academia Americana de Pediatría recomienda menos de una o dos horas al día frente a un televisor—o cualquier otra pantalla—para niños mayores de 2. He aquí por qué:

El tiempo dedicado a ver la televisión predice la obesidad. Cuando los niños están viendo la televisión, están comiendo más y haciendo menos ejercicio. Ver la televisión es tan pasivo que su tasa metabólica cae aún más bajo que cuando está sentado en un escritorio. Más de dos horas de televisión o vídeos al día es un riesgo para la salud.

Los niños no leen. En las familias donde la televisión esta casi siempre encendida (y que es el 30 por ciento de las familias con niños pequeños), el tiempo de lectura cae por 25 por ciento a los 3 y 4 años, y casi por 40 por ciento a los 5 y 6 años, en comparación con otras familias.

La televisión de fondo distrae a los niños al jugar. Cuando el televisor está encendido en el fondo, los niños no parecerían prestarlo atención, mirando el televisor sólo esporádicamente. Pero entre las edades de 1 y 3, los niños juegan durante menos tiempo, son menos concentrados durante el juego, saltan de un juguete a otro, y juegan en una manera menos sofisticada. (Consulte la página 116 para la importancia del juego.)

Las capacidades de atención se acortan. Los niños que ven más de dos horas de televisión al día, muestran los estudios, parecen tener más problemas para enfocarse en la atención.

El TV interrumpe el sueño. Los niños que ven más de dos horas al día de televisión son mucho más propensos a tener problemas de sueño. Televisión por la noche no es bueno, tampoco. Casi30 por ciento de los niños entre las edades de 2 a 3 tiene un televisor en su habitación, y los padres dicen que ayuda al sueño del niño. Pero los estudios muestran que viendo la televisión más bien retrasa la hora de acostarse, retrasa el sueño, pone más ansioso al bebé y acorta el tiempo de dormir. La falta de sueño es malo para la capacidad de aprendizaje a largo plazo, por no mencionar el estado de ánimo y el comportamiento al día siguiente.

Otros peligros potenciales

Los preescolares son particularmente perjudicados por programas violentos. Eso es probablemente porque las normas sociales no estan establecidas, los niños de esta edad imitan tan fácilmente y su desarrollo social es más maleable.

Los niños son imitadores indiscriminados. Después de ver un partido de fútbol, nuestra niña de 19 meses (con aliento de su padre) elevaba ambos brazos por las nubes y gritaba, "¡Touchy-down!" Lindo. Menos lindo es que ella bombardearía el suelo y trataría de golpear mi cabeza con la suya. Entre las edades de 2 y 5, los niños no pueden diferenciar fácilmente la fantasía de la realidad; un estudio dice que van a imitarán "incluso los patrones de comportamiento menos realistas." Entonces, están tus hijos viendo cosas que tu quieres que imiten?

Los niños tal vez no reciban el mensaje. En un estudio, los niños que miraban la TV educativa se convirtió, con el tiempo, cada vez más agresivo—no físicamente, pero en sus relaciones interpersonales. (Como retener una invitación de cumpleaños si el otro niño no cumplia con una solicitud, o excluir a un niño del grupo.)

Estos programas de televisión crean un conflicto, por lo general sobre la base de la agresión interpersonal, con una conciliación al final. Pero los niños, dejaron de ver por su cuenta, se centraron en el conflicto y se perdieron la moraleja de la historia. Un episodio de la serie *Clifford el Gran Perro Rojo*, por ejemplo, tenía la intención de enseñar que la amistad supera diferencias físicas (un perro tenía tres patas). Pero el 90 por ciento de los niños de kinder en un estudio no pudo identificar el mensaje deseado.

PRUEBA ESTO

Hacer una lista, junto con tus hijos, de las cosas que pueden hacer además de ver la televisión. Juntos, leer y discutir el libro infantil Los Osos Berenstain y Demasiada Televisión. Apagar la televisión durante una semana. Ayudar a los niños a hacer letreros de "No TV" para cada televisor. Hacer las cosas divertidas en tu lista.

Haz social el tiempo de pantalla

Mira con tus hijos.

¿La mejor manera de mitigar los aspectos negativos y aumentar los aspectos positivos del tiempo de pantalla? Haz que sea una interacción social.

- Durante un programa, haz preguntas abiertas. "¿Por qué crees que se siente triste?"
- Conecta lo que ves a la vida real. "Recuerdo cuando fuimos al zoológico. Te gustó especialmente el elefante."
- Cuando el programa termine, recapitula. "Entonces Dora tuvo que ir a la escuela. ¡Intentó tantas maneras de llegar allí! ¿Te acuerdas de todos ellos?" "¿Cuál fue tu parte favorita?" "¿De qué fue eso? "
- Si los videojuegos son lo tuyo, juegan juntos. Reconoce la emoción de la victoria, la agonía de la derrota y la persistencia que se necesita para ganar.

Otras formas de ser prudente con las pantallas

Establece límites de tiempo. Jugar, hacer ejercicio, la interacción cara a cara, el aire libre, dormir: estos son tan importantes para el desarrollo saludable de tu hijo. Una vez que los colocas en el día, ¿cuánto tiempo queda para pantallas? Los pediatras recomiendan oficialmente menos de dos horas por día. En sus propias familias, sin embargo, muchos expertos limitan el tiempo de pantalla a dos horas a la semana, a menudo solo los fines de semana. Lo importante es establecer intencionalmente un límite, uno que funcione para su familia.

Elige el contenido. Decide qué programas, sitios web, aplicaciones y juegos se le permitirá a su hijo acceder. Velos tú primero. Common Sense Media (commonsensemedia.org) también tiene calificaciones y reseñas.

Espera. No hay evidencia de que no usar dispositivos pondrá a su hijo en una situación desventaja educativa. Los niños mayores descubren las interfaces intuitivas con la misma rapidez.

Si ves signos de dependencia de un dispositivo, guárdalo. El entrenador de padres Sandy Blackard dice que el dispositivo se ha vuelto mejor que la vida real para satisfacer la necesidad de conexión y poder de su hijo. Aumenta el tiempo con amigos, recomienda, y las oportunidades para que tu hijo establezca su propio nivel de desafío (consulta las páginas 45 y 160).

Considera tus hábitos. H¿Cuánto tiempo de pantalla consumirán tus hijos a medida que crecen? El factor más importante—más que las reglas que estableces, o si miran en familia o si tus hijos tienen televisión en su habitación—es cuánto tiempo de pantalla tu consumes. (La mayoría de las familias están bien con esa cantidad)

Mejora, no reemplaza, aprendizaje en el mundo real. Una familia que estaba criando orugas busqó videos de lapso de tiempo de una metamorfosis de mariposa. Muy genial.

Permite errores, molestias y el aburrimiento

Es difícil ver a tu bebé triste. Pero si resuelves cada problema para ella, no va a aprender a resolver problemas por sí misma.

Una amiga y yo estábamos listas para irnos cuando nuestras niños pequeños decidieron que querían cerrarse las chaquetas. Puedes imaginar nuestra agonía. Mi amiga y yo prácticamente tuvimos que mordernos las uñas para no pasarnos las malditas cosas. Pero lo logramos. Las chicas lo entendieron. Y estaban muy, muy orgullosas. Nosotros los padres queremos enviar a nuestros hijos el mensaje de que son capaces. Pero, ¿qué mensaje enviamos realmente cuando volamos y también interferimos rápidamente?

He aquí algunas estrategias para la autosuficiencia en el desarrollo del bebé:

Espera. Cuando tu niño está tratando de desenroscar una tapa, le das tres segundos antes de ofrecer ayuda? Toma un minuto, ponlo en tu regazo, y sólo espera. Podrías decir: "Sí, giro a la izquierda para abrir. Vaya, si giras a la izquierda y a la derecha, la tapa no sale, ¿eh?" Si él se acerca, dice con entusiasmo: "¡Casi!" Sabrás cuando esta listo para darse por vencido. Pregunta: "¿Te gustaría una ayuda?" Entonces puedes poner sus dedos sobre los tuyos y lo dejas sentir el movimiento de desenroscar la tapa.

Muestra, no sólo di. Cuando tu niño de 3 años rechaza ponerse su abrigo, ve afuera con él durante un minuto. "¿Por qué no comprobamos el clima. ¡Brr! Hace frío afuera ¿verdad?. Vamos a ponernos nuestros abrigos para estar comodos y calientes."

Acepta las emociones incómodas. Da nombres por vergüenza, culpa y humildad—no sólo por los sentimientos fáciles. Cuando tú sientes esas cosas, dilo. Permite que tu niño los sienta, en lugar de descartarlos. Empatiza. No saltes para proteger a tu hijo de sentimientos difíciles. Habla sobre las maneras de superarlos.

Libera algo de tiempo libre. Si empacas el día de tus hijos con actividades y el acceso a las pantallas brillantes, no tienen suficiente espacio para el aburrimiento—y para luego aprender por sí mismos cómo pasar el tiempo. Cuando los niños siempre-ocupados no se sienten ocupados, se vuelven agitados. Se dirigen a ti para llenar su tiempo, porque no han aprendido a llenarlo por sí mismos.

El aburrimiento es un estado frustrante e inquieto; el cerebro quiere salir de ello. Así, dada la práctica, el cerebro encontrará cosas constructivas que hacer: fantasear, imaginar, pensar en un problema, planear. Es por eso que los investigadores dicen que el aburrimiento puede ser fundamental para el aprendizaje y la creatividad. Así que la próxima vez que escuches "¡Estoy aburriiiiido!" intenta alguna variación de "Mmm. Estoy leyendo. ¿ Tu qué vas a hacer?"

Guíar

Nuestro trabajo es guiar a nuestros hijos hacia habilidades para toda la vida: buena comunicación, empatía, conciencia emocional y respeto por los demás. Cuando nosotros señala lo bueno en nuestros niños, obtenemos más de eso. El mejor enfoque para la disciplina es a la vez firme y amable, no "Haz lo que digo, ¡o si no!"

Sé firme pero caluroso

Un cierto estilo de crianza de los hijos tiende a producir niños que son

- más autosuficientes,
- más seguros de sí mismos,
- más competentes socialmente,
- menos ansiosos y
- menos deprimidos.

Estos padres están en sintonía con y dan apoyo a las necesidades de sus hijos, y con firmeza pero con respeto hacen cumplir sus reglas. La investigador Diana Baumrind de UC-Berkeley se refiere a este estilo de crianza como "autoritaria."

Estudio tras estudio desde mediados de la década de 1980 muestran una fuerte correlación entre el estilo de crianza y el comportamiento social positivo—o no tan positivo—de un niño.

Eso no quiere decir que el estilo de crianza garantiza un cierto tipo de niño. Nuestra influencia en la forma en que los niños resultan es limitado. Estamos compitiendo, por supuesto, con la genética, los compañeros, la cultura y los otros adultos (niñeras, maestros, abuelos, entrenadores) en la vida de nuestros hijos. Los padres pueden reclamar tal vez del 20 por ciento al 50 por ciento de la influencia, dicen los investigadores.

Pero hacemos lo que podemos, ¿verdad?

UN HILO CONTINUO DE ESTILOS DE CRIANZA

Los padres dictatoriales son firmes pero no calurosos. Ellos tienen reglas estrictas y esperan que sus órdenes sean obedecidas sin explicación: "¿Por qué? Porque yo lo digo." Sus hijos tienden a ser bien educados, pero son menos capaces de desarrollar habilidades críticas de autorregulación (consulte la página 116). También sus capacidades morales de razonamiento no alcanzan, porque su sentido del bien y mal se guía por fuerzas externas (amenaza de castigo) en lugar de principios internos.

Los padres autoritarios son a la vez firmes y calurosos. Ellos están involucrados y son sensibles, con altas expectativas. Ellos intencionalmente fomentan la individualidad y la autoafirmación. Cuando se establecen las reglas, por ejemplo, invitan discusión sobre los parámetros de esas normas. Cuando se rompen las reglas, se aseguran de que hay consecuencias. Ellos disciplinan para enseñar en lugar de castigar.

Los padres permisivos son calurosos pero no firmes. Ellos son cariñosos y comunicativos, pero también indulgentes. Ellos tienden a evitar la confrontación y son reacios a disciplinar, por lo que no hacen cumplir sus reglas. Sus hijos tienden a tener una alta autoestima, pero también son más impulsivos, más propensos a abusar de las drogas y el alcohol y más probable de tener problemas en la escuela.

Los padres no involucrado ni son firmes, ni son calurosos. Aparte de proveer para las necesidades básicas de sus hijos, están desconectados. Sus niños son los más propensos a ser delincuentes.

¿Cual es tu estilo de crianza?

Tu estilo de crianza se verá influido por el temperamento de tu hijo, por el tuyo propio, por cómo te criaron y por lo que otros padres que te rodean están haciendo. (Y por si tu hijo acaba de salir de su habitación antes de acostarse por tercera vez o por la trigesima vez.)

Es más fácil ser dictatorial, de amenazar o dar palmadas en las nalgas. Ser autoritario toma más tiempo, esfuerzo y paciencia. Así que date espacio para meter la pata y volver a intentarlo la próxima vez, especialmente si no eres una persona paciente o no tienes padres autoritarios como modelos a seguir.

Eligir un determinado estilo de crianza, en lugar de reaccionar de manera impulsiva, eso puede realmente tomar trabajo. Me encuentro haciendo pequeñas correcciones todos los días. Al final, te toca a tí y tu pareja estar continuamente al tanto de lo que estan haciendo, parar y pensar en ello y tomar la decisión. También pueden obtener ayuda de un consejero, un entrenador de padres o una clase de educación de padres.

Por qué podríamos elegir un estilo pero volver a otro

¿Te preguntas por qué es difícil actuar de la manera en que pensamos actuar en el momento? Aquí está la lista corta:

La situación puede estar provocando algo de nuestra propia infancia, y arremetimos incluso cuando pensamos: "¿Qué estoy haciendo?"

Tal vez nuestras mentes comiencen a girar en espiral: Mi hijo me está faltando el respeto al levantarse de la cama cuando le dije que se quedara allí. ¿Qué, mi hijo no puede permanecer callado durante 20 minutos? Va a ser el disruptivo en el aula algún día. Ahora no tendrá el descanso que necesita. ¡Necesito que tenga este momento tranquilo! ¿Cuándo va a apreciar todo lo que estoy haciendo por él? Y esos pensamientos son las cosas a las que realmente reaccionamos.

Tal vez sentimos la ardiente mirada de otro padre y, en nuestra necesidad de demostrar que estamos manejando esto, reaccionamos de manera exagerada o hacemos lo que creemos que el otro padre espera.

Es probable que nuestras reservas emocionales increíblemente agotadas, especialmente cuando nuestros hijos tienen 2 o 3 años. Probablemente no obtengamos tantos descansos como necesitemos o no nos cuidemos mucho. Aún más difícil, la imitación que hacen nuestros hijos de nosotros puede ser un espejo que preferiríamos no ver, obligándonos a reconsiderar quiénes somos y a cambiar. Y cambiar de nuevo. Y otra vez. Iluminador pero agotador.

Además de todo, los niños declinan hacer lo que queremos en las situaciones más pequeñas. Tantas veces al día. Especialmente cuando estamos llegando tarde.

Estas son las cosas que nos "cerramos las puertas" (vea la página 170). Cuando volvemos a nuestros cerebros de animales, vamos directamente a nuestra reacción predeterminada: cómo fuimos criados. Esa no es siempre la forma en que esperamos ser padres.

Es tan desafiante. Sin embargo, hacerlo bien se siente serio, ¿no? Sabemos que nuestra reacción afecta directamente la forma en que nuestros hijos reaccionarán a las situaciones difíciles en sus propias vidas. Nuestra reacción afecta directamente nuestra relación con nuestros hijos, ahora y como adultos. Crea la sensación cotidiana de nuestros hogares: segura y amorosa, o dura y estresante. Afortunadamente, es lo que hacemos la MAYORÍA del tiempo que importa.

En el momento, el primer paso es simplemente: Detenerse. Nombra la emoción en voz alta: "Me siento tan frustrado." Respira. Entonces responde. Si es demasiado tarde para eso, nunca es demasiado tarde para disculparse, reparar y volver a intentarlo la próxima vez.

CÓMO SUENAN LOS ESTILOS DE CRIANZA

Dictatorial	Autoritario
"¡Hey! No cortes en la fila. Muevete; deja que ese niño vaya primero."	"Tienes que esperar tu turno, cariño."
"Nos vamos ahora." Si sigue jugando el niño, lo recoge y se va.	"En cinco minutos, será el momento de irnos." . . . "Una vez más en el tobogán y entonces coges tu abrigo." Si el niño sigue jugando, lo recoge y se va.
"Para, y ponte tu zapato."	"Buena resolución de problemas! Tu zapato se salió, pero descubriste como seguir escalando."
"Ven aquí. Pide disculpas ahora mismo. Hazlo de nuevo y te vas a arrepentir."	"No golpeamos cuando estamos enojados. ¿Qué podrías hacer en su lugar? No podemos quedarnos aquí, si golpeas a otros."
"Siéntate."	"Por favor, siéntate en tu cochecito. Mamá sería muy triste si te cayeras y te lastimaras."
"¿Todavía tienes hambre? Lo siento, ya tuviste un snack. La regla es uno."	"¿Todavía tienes hambre? OK, puedes comer estas uvas o un pedazo de queso."

Permisivo

Observa el niño colarse. Se disculpa con otro padre con una risita.

"It's time to go now, OK?" If kid keeps playing, parent sits there.

"¿Creo que debes poner tu zapato?"

"Si golpeas a alguien más, nos vamos a ir. Qué te dije? No hagas eso otra vez. Quieres irte? Te pedí que no golpearas a otros. Dije que pares. Quieres irte? Golpeas otra vez y nos iremos"

"Por favor siéntate. Sería mejor si te sentaras. Bien, puedes estar parado por sólo un poco."

"¿Todavía tienes hambre? OK, puedes comer lo que quieras."

Sigue cuatro reglas sobre reglas

Los niños necesitan límites y las reglas son las que proporcionan esos límites.

Estas cuatro guías te ayudarán a crear reglas familiares eficaces.

1. Haz tus reglas claras y consistentes

Debes aplicar reglas constantemente para que sean eficaces a largo plazo. Y estamos hablando de largo plazo, ya que vas a estar repitiendo estas reglas muchas, muchas, muchas, muchas veces.

A veces esto es fácil. Decirle a mi niño que no tocar la estufa es algo que hago con rapidez y con un tono de urgencia, cada vez que se acerca.

A veces no soy tan rápido. Por ejemplo, a mi hija le gusta subir encima de la mesa del comedor. Oh, ella sabe la regla. Incluso mientras alza una pierna, ella sacude la cabeza y dice: "No escalar en la mesa." Si yo la detengo cada vez, es mucho más eficaz que si yo casi siempre la detengo, pero de vez en cuando río del pequeño baile de zapatea que ella hace allá arriba. (¿Puedes ver que ya he estropeado esto?)

También es más fácil ser coherente acerca de algunas reglas que son muy importantes para ti, en lugar de tratar de hacer cumplir veinte reglas a la vez. Fácil o no, el hecho es: si estas inconsistente en la aplicación de la regla, tu hijo estará confundido acerca de si es realmente una regla.

Tendrás muchas oportunidades de practicar porque tu hijo pondrá a prueba las reglas una y otra vez para aprender su importancia relativa, para establecer los límites de su independencia, para poner a prueba tu reacción—y tal vez para tratar de conseguir una de tus risas un tiempo más.

2. Dar la razón de la regla

Tu hijo será mucho más probable de seguir una regla si agregas una sola línea:

la explicación para ella.

"Por favor, cierre la puerta."

"Por favor, cierre la puerta. Estaríamos muy tristes si el gato se escapa ."

La segunda solicitud parece mucho más razonable, ¿no?

Digamos que tu hijo no obedece, y tu haces cumplir la regla a través de una consecuencia.

Los niños que escuchan razones para las reglas son capaces de hacer la conexión entre la regla y la mala conducta: "Yo no debería hacerlo porque [la razón que diste]." Con el tiempo, este proceso de pensamiento permite a tu hijo a incorporar la regla en su propio conjunto de valores, a considerar otras aplicaciones para la regla y, finalmente, a cumplir con la norma, incluso cuando nadie está mirando.

Los niños que no escuchan razones para reglas pueden sacar una sola conclusión:

"No debería hacer eso porque voy a meterme en problemas." Su comportamiento termina siendo guiado por una amenaza externa más que por un conjunto interno de lo moral. Lo moral—las fuertes creencias personales que utilizamos para juzgar el bien y el mal—proporciona a los niños con un importante conjunto de herramientas para navegar el mundo a medida que crecen.

3. Ayuda a tus hijos a tener éxito

Como nosotros—excepto con mucha más frecuencia—los niños se olvidan, se distraen y cometen errores. Ellos necesitan nuestra ayuda.

Practicar juntos. Tómate el tiempo para mostrarle a tu hijo cómo te parece el éxito. El entrenador de padres Sandy Blackard llama a esto "entrenamiento de éxito." Su ejemplo:

"Todavía quieres golpear tu juguete directamente en el piso." Un cojín debajo no funciona para ti, y el piso no está bien conmigo." Demuestra que el límite es real al atrapar el juguete. Ayúdalo a tener éxito en detenerse a sí misma: "Lo estás tirando; tratando de golpearlo de nuevo. Demuéstrame deteniéndote a ti mismo." Espera hasta que sientas menos resistencia, y señala eso. "Ahí. Te detuviste un poco. Lo sentí. Muéstrame más. ¡Ahí! ¡Eso fue aún más! Dime cuando estés listo para que TODO se detenga. ¿Ahora? De acuerdo."

Si tiene éxito, nombra una fortaleza: "¡Ahí! ¡Lo hiciste! "Si no, ofrece opciones: "¡Uh-oh! Todavía estoy tratando de golpear. Hmm. Puedo guardarlo y puedes intentarlo más tarde, o puedes intentar de parar una vez más ahora." Si tiene éxito, nombra una fortaleza. Si no, retira el juguete y dice: "Puede volver a intentarlo después del almuerzo." Si se molesta, ayúdalo a expresar sus sentimientos. Puedes abrazarla mientras ella llora. O di lo que ves con empatía: "Realmente querías golpear el juguete." "¡Estás pateando! Sabes cómo sacar tu enojo."

Indica a tus hijos justo antes de una situación con la que han estado luchando. Por ejemplo, si tu hijo golpea durante las fechas de juego o suplica mientras haces las compras.

"¿Cuál es nuestra regla acerca de pedir una y otra vez juguetes en la tienda? ¿Será eso fácil o difícil para ti hoy?" "Si comienzas a enojarte con tu amigo, ¿qué puedes hacer?" Esto ayuda a los niños a pensar críticamente y los invita a practicar la autorregulación.

Si tienen dificultades: di lo que ves (consulta la página 176).

Observa el comportamiento que deseas. Obtendrás más de eso. "Estás jugando con manos suaves." "Sabes cómo hacer turnos." "Me estás ayudando a comprar solo cosas de nuestra lista. Sé que es duro. Realmente estás mostrando autocontrol."

Tienes en cuenta la falta de juicio aquí: solo estás diciendo lo que ves, y luego mencionando una fortaleza (vea la página 176).

4. Establecer reglas juntos

¿Has tenido un jefe que mandaba tu cada movimiento y no quería oír tu punto de vista? Se siente horrible. Prácticamente te quieres rebelar por despecho. También establece una lucha de poder: ninguno de los dos quiere perder, y el que lo hace está obligado a resentirse.

No seas ese jefe. En cambio, involucra a tus hijos en el establecimiento de reglas. Es importante hacer esto cuando todos estan en calma, no en medio de una quiebra de reglas. El proceso hace que tus hijos se sientan respetados, valorados y tratados de manera justa. Además, sus buenas ideas podrían sorprenderle. ¡Vamos equipo!

Establece un tiempo para hablar. Digamos que notas que tu niño está usando más tiempo de lo que quisieras en frente del televisor. Le dejas caer en cuenta, y que en la cena hablan de la creación de algunas reglas sobre el tiempo de televisión.

Formula el problema. Junto con tu hijo, haz una lista de las prioridades de la tarde: tarea, cena, juego, lectura, hora de acostarse. "Así que", dices, "tenemos treinta minutos por día para la televisión." Obtiene sus opiniones: "¿Hay otras cosas que te gustaría tener tiempo para hacer cada día que son importantes para tí?"

Anima sus opiniones en los aspectos donde puedes ser flexible. Por ejemplo: "¿Cuándo te gustaría ver tus treinta minutos de televisión? ¿Antes de la cena o después de la cena?" "¿Cuáles son algunas ideas para las consecuencias si no apagas el televisor cuando yo lo indique? ¿Qué podríamos hacer para que yo no tenga que pedirte?"

SIndica la regla que han aceptado. "Bien, nuestro acuerdo es que se puede ver treinta minutos de televisión después de hacer tu tarea. Y si no apagas el televisor cuando suene la alarma, perderás los minutos de mañana, uno por uno."

¿Cuan coherente eres realmente? Alejate y considera, desde la perspectiva de tu hijo, qué mensaje podría estar recibiendo de tus acciones, y no sólo de tus palabras.

Emoción primero. Problema segundo

"Quiero mi mamá. Quiero mi papá", el niño de 2 años sollozó una y otra vez.

Estábamos cuidándolo por la noche, y él estaba angustiado. Tratamos de distraerlo con historias. Cantamos canciones. Tratamos alimentos. Abrazos. Paseos. Largas explicaciones razonadas acerca de cómo sus padres estaban en un concierto, pero que venían de vuelta mañana—promesa. Nada funcionó.

Más tarde, nos dimos cuenta de que ni siquiera podía oírnos: había "cerrado la puerta."

Eso es lo que Dan Siegel, profesor clínico de psiquiatría en la Escuela de Medicina de UCLA, lo llama. Él tiene una gran manera de explicar cómo las emociones intensas cerraron la capacidad del cerebro para razonar:

1. **Levanta tu mano.** Vas a hacer un modelo del cerebro.
2. **Presione tu pulgar a tu palma.** El pulgar es el área límbica, esa antigua parte del cerebro que regula las emociones. Trabaja en conjunto con el tallo cerebral (la palma) para dar senales al resto de tu cuerpo, incluyendo tu frecuencia cardíaca y tu presión arterial.
3. **Envuelve tus dedos alrededor de tu pulgar.** Tus dedos son la corteza, lo que permite pensar, razonar, la empatía, la comprensión de sí mismo, la percepción y el equilibrio. Las puntas de tus dedos son la corteza prefrontal, que es como una tapa sobre el área límbica, manteniendo las emociones bajo control.
4. **Ahora mueve los dedos hacia arriba.** La corteza prefrontal ha perdido el control, ya que en una situación emocional, el área límbica enciende con tanta fuerza y tan repetidamente que comienza a reemplazar el control de la corteza prefrontal. Ya no eres capaz de razonar o sentir empatía o utilizar la parte superior del cerebro. Has "cerrado la puerta."

Es por eso que es completamente inútil razonar con alguien cuya emociones están a flor de piel, como hemos tratado de hacer con el niño de nuestros amigos esa noche. Y a pesar de que mi marido y yo sabemos sobre el entrenamiento emocional, nos lo habíamos olvidado en nuestra creciente desesperación: habiamos cerrado nuestras puertas, también.

Esta materia requiere práctica.

Puedes verlo venir

Ahora que puedes visualizar lo que está sucediendo en el cerebro, puedes empezar a reconocerlo: Estoy a punto de cerrar mi puerta, o ya la he cerrado; Necesito un descanso. Y puedes ver que sucede en tus hijos, como cuando hacen un berrinche o golpean.

"A menudo pensamos que nuestros hijos necesita aprender una lección ahi justamente", dice la entrenadora de los padres Sarina Natkin, "y tenemos que enseñar esa lección de inmediato."

Pero el bebé no puede aprender nada cuando ha cerrado su puerta. Por eso, en medio de emociones intensas, es más productivo:

Reconocer las emociones primero. Pon nombre a los sentimientos intensos (ver página siguiente) con empatía.

Trata con el problema en segundo lugar (página 176).

Enseñar el modelo de la mano a tu niño de 5 años de edad, y ella podría empezar a decirte cuando necesita un descanso. (Y probablemente cuando tu lo necesitas, también.)

Pon nombre a las emociones intensas

La investigación de imágenes cerebrales muestra que verbalmente nombrando una emoción intensa se ayuda a calmar. "Nombrarlo para dominarlo", como dice el profesor de psiquiatría de la UCLA Dan Siegel.

Cuando cuidabamos al niño de 2 años de edad de nuestros amigos, y empezó a sollozar sobre el deseo de volver a casa, tratamos todo tipo de cosas. Pero deberíamos haber ido directamente a la emoción, con empatía, por el tiempo que sea necesario para calmarlo:

"Oh, cariño. Quieres tu mamá y papá. Te sientes tan triste ahora. Sí, lo sé, que no se siente muy bien." Podríamos haber mostrado las fotos de sus padres en nuestro muro, y ayudarle a imaginar su regreso.

"Apuesto a que les darán grandes abrazos. Eso se sentirá tan bien."

La próxima vez que lo cuidamos, yo sólo lo abrace, lo meci y di unas palmaditas en la espalda mientras sollozaba por su mamá y papá. Él no mencionó su emoción, pero él me escuchó con cuidado hacerlo por él. Se calmó en menos de diez minutos, entonces se durmió en mis brazos.

Nombrar y hablar de la emoción de tu hijo también le ayuda a finalmente ser capaz de hacerlo por sí mismo.

Los niños que pueden nombrar sus propios sentimientos son capaces de reflexionar sobre sus sentimientos, discutirlos, decidir cómo tratar con ellos, reconocer los sentimientos de los demás y empatizar. Toleran frustración mejor y tienen menos peleas, muestran numerosos estudios. Son más saludables, se sienten menos solos, son menos impulsivos y más centrados. Logran más académicamente, también.

Para ser capaz de nombrar las emociones de tu hijo, tienes que hacer un par de cosas:

Ser consciente de los sentimientos—tuyos propios y de los demás. Práctica al nombrar tus sentimientos a medida que avanza tu día: "Siento rabia." "Esa es la frustración." Indicando sentimientos como observaciones ("Me doy cuenta de que me estoy sintiendo triste"), y no como rasgos de carácter ("Estoy triste"), te da un poco de distancia de ellos.

Ser tolerante de todos los sentimientos. Tal vez tu primera respuesta al niño de 2 años de tus amigos sería, "Puedes ir a casa cuando tus padres regresen, pero por ahora, seamos felices y juguemos." O "Los niños grandes no lloran." O "¡Tus padres no están aquí! Así que deja de llorar." Ninguna de estas respuestas reconocen la validez de la emoción.

Ser desdeñoso de los sentimientos tiene sus raíces en la forma en que fuimos criados. Pero podemos tratar de no pasarlo a nuestros hijos. Estudio tras estudio muestra la importancia de aceptar y hacer frente a las emociones, no importa lo incómodo que puede ser.

Técnicamente, algunos científicos dirían que las emociones son sólo la manera del cerebro de marcar un evento como "muy importante." En abstracto, las emociones simplemente son. Como sabes, ninguna cantidad de enterrar o juzgar o desear puede hacer que desaparezcan.

Bien podría aceptarlas.

»

«

Maneras de ayudar a tu hijo a identificar las emociones

- Lee historias donde los personajes tienen que ver con los sentimientos. Habla acerca de un momento en que tu hijo se sentía así.
- Pon fotos que muestran diferentes emociones (fotos que tomaste, o recortaste de revistas, o compraste como un conjunto). Cuando tu hijo esta emocional, presenta las imágenes: "Aquí hay un bebé triste. El esta llorando. ¿Eres un bebé triste, también?"
- Ayuda a tu hijo a recrear un evento angustiante utilizando animales de peluche.
- Busca una guardería o una escuela que practica el entrenamiento de emoción.
- Con los niños de edad escolar, crea un "termómetro emocional" marcado con tranquilo, feliz, frustrado, enojado. Explica cómo las emociones a menudo crecen en intensidad. De vez en cuando pregunta dónde está tu hijo en el termómetro, que ayuda a que se acostumbre a chequear por su cuenta.
- Haz un "chequeo de cuerpo." "Tus hombros están encorvados y tus puños se apretaron, por lo que parece que estás frustrado en este momento."

Practica ahora, mientras que los riesgos son bajos

¿Por qué empezar cuando los niños son pequeños? Debido que la identificación de sus propias emociones toma tanta práctica. Quieres que tu hijo tenga esta habilidad en su lugar más tarde en la vida, cuando las apuestas son más altas: por estar excluido del grupo, para el primer corazón desengano amoroso, por no llegar a ser parte del equipo, para hacer frente a las tensiones de la universidad, para manejar las frustraciones en la oficina, para hacer que un matrimonio funcione.

PRUEBA ESTO

Los niños explotan en cólera sobre las cosas que parecen ridículas a los adultos. Pero decir: "Oh, tú estás bien," es despectivo, y aún más perturbador. No querrías oír eso si estabas enojado, ¿verdad? Reconociendo las emociones intensas generalmente calma los niños suficiente para que hagas tu comentario:

"Estas enojado. No quieres usar estos calcetines. Estás diciendo, "¡No calcetines!" Tienes que usar calcetines porque hace frío afuera. Pero te gustaría que te ayude a ponerlos? "

"¿Te sientes frustrado? Lo sé, es frustrante cuando queremos algo y no podemos tenerlo. Traeremos estas bayas con nosotros. Puedes comer un poco cuando es hora de la merienda."

Si tu hijo se enoja cuando identificas las emociones, comienza con exponer los hechos y propone algunas soluciones. Identifica la emoción después. "Quieres ponerte la camiseta verde, pero esta sucia. ¿Cuáles son tres cosas que podríamos hacer sobre esto? . . .

Estabas muy decepcionado ."

Di lo que ves

¿Manejar bien la mala conducta? Es lo más difícil que hacemos los padres. Aquí hay tres pasos simples y mágicos para la crianza positiva.

¿Cómo reaccionas cuando tu hijo hace ____ (una cosa que te molesta)? ¿Qué dices? ¿Cómo te comunicas de manera positiva, uno que ayuda a tus hijos a aprender a resolver problemas y les da una idea clara de quiénes son? Sin tener que pensarlo demasiado en el momento. No he encontrado una estrategia más poderosa que Language of Listening® (el Lenguaje de Escucha) de Sandy Blackard (languageoflistening.com).

Tiene solo tres pasos:

1. **Di lo que ves. Say what you see®**
2. Si ves algo que no te gusta, **ofrece una opción.**
3. Si ves algo que te gusta, **nombra una fortaleza.**

Di lo que ves.

Dice lo que tu hijo está haciendo, diciendo, sintiendo o pensando. Dígalo sin juzgar, en un tono que coincida con la energía de su hijo.

Este reconocimiento es un gran alivio, según lo que muestran los estudios de imágenes cerebrales, para el sistema nervioso de tu hijo. También te da un momento para calmarte, "abrir tu puerta", y estar en el momento presente.

Enfócate en lo que realmente VES que sucede en este momento, no en lo que predices o cómo quieres cambiarlo o en la lección que has estado tratando de enseñar. Así que "Di lo que ves" no es "te vas a caer", sino "quieres escalar tan alto." No es "Vamos, será divertido jugar con ellos", sino "quieres mirar hasta que te sientas listo para jugar." No es "Estás haciendo demasiado ruido", sino "¡Quieres ser ruidoso!" No "Oh, estás bien", sino "Te sientes herido." No "No agarremos juguetes" pero "Realmente quieres ese camión." No "Oye, estoy tratando de hablar contigo y estás huyendo", pero "No quieres hablar conmigo ahora."

No "Tu sabes mejor" pero "No quisiste hacer eso." No "Estás haciendo un lío", sino "Quieres derramar."

Cuando tu hijo está haciendo algo que preferirías que no haga, el lugar más fácil para comenzar es a menudo:

"Tu quieres ____."

Si ves algo que no te gusta, ofrece una opción

Diga lo que tu hijo puede hacer en su lugar. Algo que satisfaga sus necesidades actuales y que esté bien con tigo.

"¡Quieres saltar! Puedes saltar al suelo o puedes saltar afuera." ("Puedes jugar con este juguete aquí" no satisfaría la necesidad de algo físico, ¿no?)

Antes de los 3 años, es posible que desees agregar un límite antes de la opción. Esto es útil para definir el problema que necesita solución.

"Quieres pararte." Las sillas son para sentarse; los pisos son para pararse. Puedes sentarte en tu silla o pararte en el piso ."

Sin embargo, a la edad de 3 años, tu hijo conoce sus límites; repetirlos o enfocarse en ellos es solo sermoneo innecesario

.

≫

«

. . . o deje que tu hijo encuentre una opción.

Con niños de 2 años o más, cuando ambos se acostumbren a esta forma de comunicarse, dale la solución del problema a tu hijo.

[La expresión de tu rostro le recuerda a tu hijo que el sofá no es para saltar.] "¡Quieres saltar! Hmm. Debe ser algo que puedas hacer ."

Te sorprenderán las soluciones que los niños se inventan a sí mismos.

Si ves algo que te gusta, nombra una fortaleza.

"Encontraste una forma divertida de saltar al piso. Eres un creativo solucionador de problemas."

Aquí está dando forma a quien tu hijo cree que es. La prueba está justo delante de tus ojos: tu hijo es amable, conocedor, generoso, compasivo, orgulloso, servicial, asertivo, estratégico, curioso, creativo, flexible, capaz de resolver las cosas, y más. Los niños ya tienen todas las fuerzas internas posibles, dice Blackard. No tenemos que enseñarles esas cosas. Solo necesitamos señalarlos a medida que aparecen. ¿No es encantador?

A veces, sin embargo, buscar una fortaleza requiere creatividad. ¿Tu niño de edad preescolar simplemente se fue corriendo después de que un amigo no compartiera un juguete? Excelente: elige alejarse sin lastimar a su amigo. ¿Tu hijo de kinder se está divirtiendo rociando el espejo del baño con una botella de agua? Hmm, en realidad, ese es un buen lugar para hacer tal cosa. ¿Declina tu bebe la berenjena en la cena? OK, ella sabe lo que le gusta. O tal vez simplemente no ves una fortaleza en este momento. Puedes mencionar uno más tarde o intentarlo nuevamente la próxima vez.

Cuando nombres una fortaleza, intenta dejar de lado "Me gusta tu forma de . . . " Sigue con el reconocimiento puro, no tu aprobación o desaprobación (consulte la página 62).

Eso lo hace el momento de tu hijo en lugar del tuyo.

¿Cómo sabemos lo que nuestro hijo quiere?

Blackard dice que el comportamiento de los niños es impulsado por tres necesidades saludables:

- Conexión
- Experiencia
- Po

Todo lo que hacen los niños satisface una necesidad que tienen. Esta es una lente increíblemente útil para mirar las acciones y palabras de nuestros hijos. **¿Qué necesidad satisface mi hijo en este momento?**

LaEl lenguaje de la escucha es tan efectivo, teoriza Blackard, porque cumple

las tres necesidades de nuestros niños. Decir lo que ves crea conexión. Dar opciones proporciona experiencia. Nombrar una fortaleza empodera a los niños.

¿Qué más notas sobre esta nueva forma de comunicación? Probablemente notarás que no hay sobornos, recompensas, amenazas, vergüenza, culpa o incluso consecuencias allí. ¿Alguna vez usarás esas cosas? Casi seguro—incluidos los que juraste que no. Nota cómo se sienten en comparación con el lenguaje de la escucha.

Para más ejemplos, consulta el libro de Blackard, *Say What You See for Parents and Teachers*, o sus cursos en línea en languageoflistening.com.

Enseña en lugar de castigar

Supuse que sería un par de años antes de que yo tendría que pensar en la disciplina de mi pequeña bebé dulce. ¡No!

Yo tuve menos de doce meses antes de que ella comenzó a hacer cosas que acababa de decirle que no, ¡y luego sonreia al respecto!

Mi dolorosa introducción a esto vino durante la lactancia. Mi bebé, al parecer probando sus nuevos dientes afilados, comenzó a mordarme y tirar. Traté mostrarle mis lágrimas. "¡Eso realmente le duele a mamá!", le dije con tristeza. Ella no tenía empatía. Traté morder su hombro. Ella gritó; me sentí horrible. Traté breves tiempos de espera: meterla a mi lado en la cama y no darle mi pecho por un tiempo. Eso no funcionó del todo, ya que ella por lo general todavía tenía hambre.

Por último, intenté enseñarle qué hacer. Estábamos usando la lengua de signos en el momento (ver página 68), así que ella sabía el concepto de "suave", que está señalado por rozar suavemente una mano en la parte de atrás de la otra. También habíamos jugado "Di aah!", tomando turnos abriendo la boca grande.

Así que la próxima vez que (a regañadientes) fui a amamantarla, dije, "Suave, por favor. No muerdas a mami. Cuando hayas terminado, sólo tienes que abrir la boca. Así."

Si lo hacía, la alababa muchisimo: "¡GRACIAS, cariño! Abriste la boca. ¡Muy suave!" Si ella me mordia, le di un breve tiempo de espera. Y funcionó. No es suficiente desalentar el mal comportamiento, como he aprendido. También hay que sustituirlo por la enseñanza de la conducta que en realidad deseas.

Estoy aprendiendo esta lección de nuevo en este momento. A los 20 meses de edad, mi niña de repente me empezó a golpear. Mi instinto fue dar un grito ahogado por la traición, agarrar su muñeca y comandar, "¡No golpees!" Ella me abofeteo de nuevo.

Lo qué funcionó era decir: "Nosotros no golpeamos a personas. Puedes golpear almohadas, pero no las personas." O cepillaría ligeramente su brazo y decir: "Las manos son para tocar suavemente." Ella entonces intentaría la sugerencia. "Oh, ¡gracias!" diría con entusiasmo si me frotaba el brazo. "¡A las mamás les encantan los masajes!" (La siguiente vez, yo podría decir "A las mamás les encantan los masajes en los pies!")

También tuve que aprender a mirar debajo del comportamiento. (Hmm, estoy tratando de tomar un descanso de ella. Ella me necesita. Sus otras formas de decirlo no funcionaron. Me golpeó. Lo que realmente quiere es mi atención.)

A los 3 años, estoy sacando todas las herramientas en mi caja de herramientas. También tengo que enfrentar mis propias suposiciones subconscientes—como que cuando mi hijo se porta mal, es porque ella nos quiere. Me gusta esta línea: "Nuestros hijos no nos están haciendo pasar un mal momento. Nos dicen que están teniendo dificultades."

Estoy especialmente agradecido de haber descubierto el Lenguaje de Escucha de Sandy Blackard. El marco simple es detallado en la página 176.

»

≪

Dirección vs. castigo

Queremos que nuestros hijos, por supuesto, sepan qué es un comportamiento aceptable y un comportamiento inaceptable. Algunos padres piensan que el castigo es la mejor manera de lograr eso. Podemos gritar ("¡Ven aquí!") o amenazar ("Ahora mismo o tiempo de espera") o sobornar ("Come el brócoli y puedes comer el helado") o apagar las emociones ("No vengas aquí con ese llanto") o ser más físico de lo que nos gustaría. Y los niños pueden hacer lo que queremos. . . a corto plazo. Entonces parece que funciona. ¡Definitivamente queremos hacer lo que funciona!

Pero el castigo no se siente muy bien—para nuestros hijos o para nosotros. En realidad es menos efectivo a largo plazo, según muestran los estudios, por varias razones importantes:

- los niños comienzan a enfocarse en evitar ser atrapados, en lugar de evitar el mal comportamiento;
- a los niños de hogares autoritarios no les va tan bien como a los niños de hogares con autoridad (ve la página 160);
- las personas avergonzadas son menos propensas a asumir responsabilidades personales;
- la humillación puede llevar a la ira; y
- la corrección que no está directamente relacionada con la mala conducta no es tan efectiva para ayudar a los niños a desarrollar la moralidad.

Sin embargo, ¿el castigo no es una parte importante de la dirección? ¿Un fuerte e inconfundible forma de enseñar lecciones, infundir valores y probar qué comportamiento es aceptable e inaceptable? No. Me tomó un minuto entender esto.

El castigo emplea la vergüenza, la culpa, el miedo y, en ocasiones, la fuerza física. El castigo tiende a no relacionarse directamente con la mala conducta (quitar el postre, por ejemplo, para lanzar una cucharada de sopa). Las creencias subyacentes de los padres son que sus hijos son dignos de respeto solo cuando obedecen, y que los niños están motivados para compartarse mejor solo por el miedo al castigo. Esa es una estila de crianza autoritaria: firme sin cariño.

La dirección se centra en ayudar al niño a desarrollar el autocontrol, la conciencia emocional y habilidades para resolver problemas. El niño es tratado con respeto y se le da la oportunidad de resolver el problema y hacer las paces (hacer que tu hijo limpie el desorden, digamos, por darle la vuelta a una cucharada de sopa). Los padres trabajan para notar un comportamiento aceptable y nombran las fortalezas de sus hijos. Eso ayuda a los niños a hacerlo por sí mismos la próxima vez.

Los padres reconocen que una buena relación con sus hijos, basada en el respeto mutuo y no en el miedo, es la mejor forma de influencia que tienen. . . especialmente en la adolescencia. La creencia subyacente es que los niños, con reflexión y práctica, quieren hacerlo mejor. Es un estilo de crianza autoritario: firme y cálido.

Adivina cual es cual:

1. "No te atrevas a tirar juguetes. ¡Mira lo que has hecho! Ve a tu habitación y quédate allí hasta que te diga que puedes salir.
2. "Quieres tirar. Lanzar bloques puede lastimar a la gente, y eso no está bien. Hmm. Debe ser algo que puedas lanzar. ¡Sí, una pelota! ¡Has resuelto el problema!"

Piensa en el tipo de persona que esperas que tu bebé sea como adulto (vea la página 30). Ahora considera que la imitación es una de las formas más poderosas en que los niños aprenden. Lo que los padres están modelando a través del castigo es cómo lidiar con las emociones fuertes al perder el autocontrol. Cómo comunicarse irrespetuosamente. Que la fuerza física es una forma de resolver problemas.

La mayoría de nosotros esperamos modelar lo opuesto: cómo controlar los impulses; cómo ser respetuoso; cómo resolver problemas sin lastimar a los demás.

Qué gran brecha.

Si decides guiar en lugar de castigar, es más probable que tu hijo

- evitará meterse en luchas de poder con usted;
- entendará que podemos controlar nuestras acciones, incluso si no podemos controlar nuestras emociones; y
- aprenderá las habilidades de comunicación, autocontrol y resolución de problemas
- esencial para una vida exitosa

»

«

Recoge las señales, envía señales

Antes de actuar, los niños envían una señal. Tal vez tu bebé se enoja y hace una mueca: está a punto de morder. Tal vez tu hijo de kinder venga hacia usted con té y una gran sonrisa: quiere compartir.

Cuando lees las señales de tu hijo y respondes, puedes desviar el comportamiento que no deseas o hacer que un dulce momento sea más dulce. Tal vez alcances a tu hijo con tu propia gran sonrisa. O cloqueas con un suave "No, no, eso no es seguro."

Cuando caiga tu bebé de 9 meses, observe la diferencia entre estar ansiosa (apresurándote con "¡Estás bien! ¡Estás bien!") y manteniendo la calma (haciendo sonidos tranquilizadores).

Aumentas o disminuyes la intensidad de la emoción de tu hijo. Es algo que haces todo el tiempo sin pensarlo. Pero también es una superpotencia que puedes utilizar para guiar el comportamiento.

Ve lento, volumen bajo

Presta atención a tu

- **voz**: volumen normal o más silencioso, tono suave, velocidad más lenta
- **acciones**: usa movimientos y gestos muy lentos
- **tacto**: manos amorosas, suaves y de apoyo
- **proximidad**: muévete mas cerca; baja al nivel de los ojos

Otras señales que pueden darle a tu hijo la oportunidad de recuperar el autocontrol:

- ignora una pequeña fechoría: mantiene tu postura y expresión neutrales, sin contacto visual;
- da una mirada severa;
- hace un gesto ("Shh");
- di el nombre de tu hijo;
- da un recordatorio de una palabra ("Suavemente").

¿Por qué los niños no sólo siguen las reglas?

En algún momento, los niños saben que no deben golpear o empujar o arrebatar juguetes.

Si les preguntas, ellos te dirán que está mal. Pero en el calor del momento, golpean, porque el conocimiento aún no se ha convertido en una segunda naturaleza. El conocimiento se convierte en una segunda naturaleza sólo a través de la acción repetida. A través de la acción repetida, el conocimiento se transmite de la corteza prefrontal, donde hacemos nuestro pensamiento lógico, a las regiones subcorticales del cerebro, donde las acciones son automáticas.

Los niños necesitan repetir la acción. Es por eso que sermonear no es muy eficaz. ("¿Cuántas veces tengo que decirte...?") Podemos ayudar a nuestros niños a practicar una nueva habilidad modelando la acción deseada o proporcionando otras pistas y ayudas—una estrategia llamada "andamio." Por ejemplo, en algunas aulas, a los niños se les da un dibujo de una oreja para sostener cuando deberían estar escuchando y un dibujo de una boca cuando es su turno para hablar.

Un poco de empatía y mucha paciencia no duelen, tampoco.

La Rueda de Elección

Cuando tu hijo se enoja y se comporta mal, una meta es ayudarle a entender que, si bien no puede elegir sus emociones, él puede elegir su comportamiento. Introduce la Rueda de Elección. Es un gráfico circular ilustrado que haces con tu hijo, tomado de Positive Discipline in the Classroom de Jane Nelsen.

Una Rueda de Elección podría tener opciones como "Decirles que paren", "Contar hasta diez", "Decirles cómo me siento", "Caminar afuera", "Golpear una almohada", "Guardar el asunto para una reunión familiar" (véase la página 144), y "Pedir disculpas." Cuando tu hijo se enoja, preguntale cuál es la opción que le gustaría utilizar.

Formas de responder que guían en lugar de castigar

CUANDO SU NIÑO DUELE A LOS DEMÁS

Di lo que ves. "Te enojaste y me golpeaste." Quieres tiempo con mamá y, oh no, necesito tiempo tranquilo."

Ofrece una opción. "Debe ser algo que puedas hacer para ayudarte a esperar."

Nombra una fortaleza. "¡Has encontrado una solución! ¡Nos preparará un juego y vendrá a buscarme cuando se apague el temporizador!

Di lo que ves . "¡Mordiste a tu primo! Ahora él está llorando."

Ofrece una opción. "Debe ser algo que puedas hacer para ayudarlo a sentirse mejor."

Nombra una fortaleza. "Me preguntaste si estaba bien. Sabes cómo arreglar la situación."

Di lo que ves . "¡Ambos realmente quieren ese juguete y, aghh, solo hay uno!"

Ofrece una opción. "Debe ser algo que funcione para ambos."

O "Puedes decirle que te gusta su juguete y preguntarle cuándo puedes sostenerlo."

Nombra una fortaleza. "Esperaste, ella compartió, y ahora los dos están felices."

O "Ella no quería compartir, y tú lo respetaste."

O "Te enojaste que ella no quisiera compartir, y te alejaste." Eso muestra que tienes autocontrol."

CUANDO TU HIJO SE PORTA MAL EN PÚBLICO

"Esto no funciona para mí. Salimos de la tienda ahora. ¿Quieres caminar, ser transportado o montar a cuestas?"

CUANDO TU HIJO ES INSOLENTE CONTIGO

Di lo que ves. "No te gusta la sopa."

Establece un límite firme + una opción. "Ese tipo de charla no está bien conmigo. En lugar de "¡Odio esta sopa!", sería más considerado decir: "No me gusta esta sopa." (Esta fue la frase preferida de mi madre cuando no nos gustaba que su cocina).

Nombra una fortaleza. "Eso fue considerado."

Di lo que ves. "Quieres contarme algo."

Ofrece una opción. "Las palabras malas hacen que sea difícil escuchar. Cuéntame con palabras más respetuosas."

Nombra una fortaleza. "Te escuché esa vez. Hablaste respetuosamente ."

CUANDO HERMANOS RIÑEN

Di lo que ves. "Desearías leer ahora mismo, solo tú y yo. . ."

Establece un límite firme + una opción. ." . . y tengo que amamantar al bebé. La parte difícil está esperando. Debe ser algo que puedas hacer."

O ." . . y tengo que amamantar al bebé. Puedes configurar el minutero y luego podemos leer."

Nombra una fortaleza. "Esperaste todo lo que pudaste."

Di lo que ves. "Tu hermana quiere jugar, y quieres que te deje solo."

Ofrece una opción. "Me pregunto si alguien tiene una idea."

Nombra una fortaleza. "Descubriste cómo jugar juntos."

Formas de responder que guían en lugar de castigar

SALIENDO (O NO SALIENDO) DE LA CASA

Muchos de estos ejemplos fueron rápidos y sin problemas. ¿Cómo podría funcionar esto en la vida real? Si tocas resistencia en algún punto, vuelves a la parte superior. Ve si puedes ver las diferentes rondas de Decir lo que ve, Ofrecer opciónes y Nombrar fortalezas.

Yo: Tenemos que desenredar tu cabello antes del ballet.

G, *que odia que le peinen el pelo:* ¿Por qué?

Yo: La señorita Darien quiere tu pelo recogido. *(OK, me inventé eso).* Mojemos tu cabello en el fregadero.

G: ¡Huyendo!

G sale corriendo y finge hornear galletas.

Yo, *considerando levantarla del suelo, pero en cambio digo esto:* Quieres hacer galletas, y tu cabello debe ser desenredado para el ballet. Hmm. Debe ser algo que puedas hacer.

Largo silencio. G comienza a jugar con otro juego, pero lentamente.

Yo: estás abriendo tu caja de GoldieBlox. Estás cerrando tu caja de GoldieBlox. Tu me das la espalda. Estás pensando en eso.

G se gira hacia mí con una gran sonrisa.

Yo: ¡Está mi bailarina!

G, *brillantemente: ¡Tengo una idea!*

Yo: ¿Qué es eso?

G: Jugaré GoldieBlox hasta que las galletas estén listas.

Yo, esperando más: ¿Mm-hmm?

G: Y luego desenredaremos mi cabello.

Yo, *algo sorprendido:* ¡Tienes un plan!

G: ¡Mm-hmm!

Yo: Avísame cuando estés lista. *(Debería haber dicho: "¿Cuántos minutos hasta que las galletas estén listas?")*

Yo, *10 minutos después, al darme cuenta de que era demasiado abierto:* G, tenemos un minuto más antes de desenredar tu cabello.

G: Mamá, tengo muchas más páginas para hacer.

Yo: Quieres mirar tus páginas, y tenemos que desenredar tu cabello. Hmm. Debe ser algo que puedas hacer.

G: Estoy alejando mi cuerpo.

Yo, *comenzando a sentirme desesperada:* Estás alejando tu cuerpo y nos estamos quedando sin tiempo.

Larga pausa

G: ¡El juego de desenredar! *(Ahora ella es la que inventa cosas.)*

Yo, *aún más asombrado:* ¡El juego desenredado! ¿Quién puede llegar al baño primero?

Corremos allí, peinamos sus rizos con las lágrimas y la empatía habituales, y nos vamos al ballet.

Yo: Eso fue difícil, pero lo hiciste.

G: Lo hice.

Más formas de responder que guían en lugar de castigar

CUANDO TU HIJO MIENTE

Mentir es en realidad una señal de que la "teoría de la mente" de tu hijo, la capacidad de adivinar los pensamientos y motivaciones de los demás, se está desarrollando adecuadamente. Los niños ingresan a esta etapa alrededor de los 2 años. Los niños a esta edad también son increíblemente imaginativos, no están del todo claros sobre lo que es real y lo que se imagina, y ponen a prueba los límites de la fantasía frente a la realidad a través de la narración. Dicen cosas que desean que sean ciertas. Afirman que las cosas son lo opuesto a lo que ves frente a tus ojos.

No es útil enojarse por mentiras en esta etapa, a pesar de que las mentiras parecen estar insultando tu inteligencia: "No estoy bebiendo jugo de arándano en la sala de estar." Responde con naturalidad: "Parece que sabes la regla. Ahora, muéstrame dónde puedes beber jugo."

Cuando los niños fingen o exageran, sigue el juego. "Hice el cielo." "Debe haber sido mucho trabajo. ¡Mira todo ese azul!"

"El tigre lo hizo." "Ah. Me gustaría que ayudes a tu tigre a limpiar este derrame."

"¡Era el bebé!" "Sé que desearías que tu hermana hiciera esto, pero sé que eras tú. Por favor, ayúdame a poner esta planta de nuevo en la olla."

A la edad de 4 años, los niños conocen la diferencia entre decir la verdad y mentir. Cuando lo notes, avísales: "Hmm. Eso no es cierto. Por alguna razón, no sientes que puedas decirme la verdad, aunque sabes que te sientes mejor cuando lo haces", sugiere decir el entrenador de crianza de los hijos Sandy Blackard. "Necesitamos hablar sobre esto." También nota cuando dicen la verdad: "Aunque fue difícil, dijiste la verdad. Eso me dice que eres honesto."

Pero en primer lugar, evita poner a tus hijos en una posición difícil por

haz declaraciones . . .	**en lugar de hacer preguntas**
Parece que la pintura ha sido salpicada con salsa. Háblame de eso."	"¡¿Quién hizo esto a mi pintura?!"
"Veo que tienes un juguete de tu amigo. Vamos a tener que devolverlo."	"¡¿Robaste este juguete?!"
"Te vi romper la puerta del armario. Necesito que me digas cuando algo así sucede, para que podamos arreglarlo."	"¿Por qué no me dijiste que rompiste la puerta del armario?"
"Veo que no limpiaste tu habitación / hiciste tu tarea. ¿Qué necesitas para poder empezar?"	"¿Has limpiado tu habitación / hecho tu tarea?"

Luego pasa a una consecuencia lógica. Por ejemplo, haz que tu hijo te ayude a arreglar o limpiar el artículo quebrado. Haz que tu niño diga al amigo que el tomó el juguete, y que se disculpe.

CUANDO TU HIJO NO ESCUCHARÁ

Los pantalones cortos de mi hija se enturbiaron (estábamos acampando), y la alenté a lavarlos en el grifo de agua (un objeto de inmensa fascinación). Cuando comenzó, podía ver que necesitaba orinar. Como muchos niños, bailará hasta que las vacas regresen a casa antes de admitir que tiene que irse.

"Cariño, ¿por qué no vas al baño?", dije. "Puedes lavar tus pantalones cortos después."

Ella continuó lavándose los pantalones. Mientras tanto, ella estaba agachado, marchando lentamente.

"Puedo ver que necesitas ir al baño", le dije. "Vamos al baño—está aquí mismo. Y luego volveremos para terminar de lavar tus pantalones."

Ella continuó lavándose los pantalones.

"¡Pequeña G!", dije, acercándome. "Orinal primero. Pantalones más tarde."

"¡OH!", exclamó, como repentinamente iluminada. "¡Orinal primero! ¡Pantalones más tarde!"

Y felizmente corrió al baño.

Que...? pensé. Más tarde me di cuenta de que "Habla mucho con tu bebé" (ve página 52) es un concepto que había tomado demasiado lejos. Ese consejo en realidad consiste en crear una conversación con tu bebé sobre el mundo que está conociendo. No se refiere a hacer solicitudes. Y no excusa un montón de palabras de relleno.

Bueno, mi hija acaba de educarme en palabras de relleno. Lección aprendida.

CUANDO TU HIJO DESAPARECE EN LA TIERRA DE FANTASÍA

"¡Vamos, tienes que vestirte ahora mismo! ¡Estamos fuera de tiempo! ¡Ponte estos pantalones!", dije con frustración, por lo que me pareció la sexta vez, mientras mi hija corría haciendo movimientos de ballet. Por fin me di cuenta: di lo que ves.

"¡Quieres ser una bailarina!" Levanté sus pantalones y en broma le di una opción. "¡La bailarina baila en sus pantalones! Ella apunta sus dedos del pie derecho y apunta sus dedos del pie izquierdo y... ahí está." Pantalones puestos. Con sonrisas.

Sé que algunas veces sentí que recompensaría el mal comportamiento con mi atención o buen humor. (Incluso si he contribuido al comportamiento al gritar órdenes sobre mi hombro en lugar de acercarme y ayudar). Y puede ser difícil evocar de repente una actitud lúdica cuando me siento frustrado. Pero la alternativa, continuar por un mal camino, es peor.

La alegría realmente e instantáneamente cambia las cosas. Para ambas partes.

CUANDO TU NIÑO SE NIEGA

Yo: ¿Ya terminaste? Trae tu tazón a la cocina.

G: No quiero.

Yo: Bueno, tenemos que traer nuestros tazónes adentro.

G: No. No lo haré.

Yo, queriendo decir "Sí, lo harás", pero prediciendo cómo se desarrollará, cambiando al Idioma de la escucha:

> **Di lo que ves.** Quieres dejar tu tazón en la terraza.
>
> **Deje que su hijo encuentre una opción.** ¿Qué podría pasarle allá afuera?

G: El viento podría volarlo.

Yo: ¡Oh, no! No querrás que eso suceda a tu tazón favorito.

G, felizmente trayendo el tazón: ¡No, no lo querría!

Nombra una fortaleza: Ya sabes a dónde van las cosas.

Planear con anticipación para evitar problemas

¿Qué es mejor que una libra de castigo? Cuantas onzas de prevención como sea posible.

Establece a tu hijo para el éxito. Un bebé cansado, con hambre y de mal humor es mucho más probable a comportarse mal. Asegúrate de que tu hijo tiene suficiente descanso y ejercicio. Ten bocadillos a la mano. No hagas mandados cerca de la hora de la siesta. Si intentas un tramo más largo de las compras (intentarlo una vez puede curarte del deseo), planea descansar en un lugar donde tu hijo pueda correr alrededor. Facilitar transiciones entre actividades; por ejemplo, decir "adiós, juguetes" cuando es hora de limpiar e irse.

Dar sonrisas, abrazos y opciones. Los niños buscan el control, porque ¿quién quiere que su cada movimiento sea administrado por otra persona? Y buscan la atención que necesitan de tí. Dar tanto el control y la atención de manera positiva reduce la probabilidad de que los niños los buscarán de manera negativa.

Realmente estar presente con tu hijo durante un tiempo cada día. Crear momentos de atención positiva, como un guiño, sonrisa o abrazo. Observa y elogia el buen comportamiento.

Ofrece pequeñas opciones para darle a tu hijo más control sobre su día, como qué camisa vestir, usando esta copa o la otra, o qué libros leer. Incluso cuando no hay posibilidad real de elección, puedes crear una: "¿Quieres ponerte los zapatos, o te gustaría que te ayude?"

Explica lo que va a suceder. Establecer expectativas es una de las cosas más útiles que mi marido y yo hemos caído en el hábito de hacer con el bebé. "Vamos a sentarnos en el orinal, y luego vamos a jugar con los bloques. Primero orinal, después jugar." "Este es nuestro último cuento antes de dormir. Después de esta historia, yo voy a decir buenas noches y cerar la puerta. . . Bueno, esa era nuestra última historia. Ahora voy a salir y cerrar la puerta. Buenas noches, hermosa bebé."

Decir sí en lugar de no. "Sí, sería bueno. . .." Sí, me gustaría que pudieramos...." "Sí, puedes hacer X después de que hacemos Y." "Absolutamente, podemos hacer eso mañana."

Pensar antes de actuar—o, al menos, después. Vas a estar agarrada por sorpresa por la mala conducta del bebé, y tu primera reacción puede o no ser lo que te gustaría. Pero más tarde, cuando estás tranquila, toma el tiempo para planificar una mejor respuesta. Tu plan podría no ir a la perfección, pero bueno, tendrás muchas oportunidades de practicarlo.

≫

¡HORA DE LA CENA! QUÉ LES ESTÁ TOMANDO TANTO TIEMPO?

Nuestro hija repentinamente se negó a sentarse en su silla de bebe durante las comidas. Ella quería sentarse en el regazo, tomar un bocado e ir a jugar. Al tratar de darle algo de comida, nos encontramos persiquiendola alrededor con un bocado de la cena.

Tomando otra perspectiva, se nos ocurrió un plan. En lugar de tratar de convencerla de sentarse en su silla al principio, nos sentamos y empezamos a comer nuestra cena. Cuando ella se acercó, con ganas de subir en nuestro regazo, dijimos amablemente, "Mamá se sienta en su silla para la cena. Papá se sienta en su silla. Usted se sienta en su silla." Ella protestaría; le repetimos el mensaje y comensamos a comer. Pronto, ella se subio en su silla de bebe.

Después de una o dos semanas de esta rutina, con mi marido también usandola en el desayuno, la bebé ya no protestó. Entonces, para mi sorpresa, un día un par de semanas más tarde, ella tomó su plato de la cocina, lo puso sobre la mesa del comedor, se trasladó a su silla, se subió en ella, aseguro las correas de seguridad sola, y anunció que era hora de la cena—antes de que nos sentaramos .

«

Señala un tiempo de calma para tí mismo. Tan pronto como te das cuenta de que estás molesto, distánciate de la situación tomando algunas respiraciones profundas hasta que puedas restablecer el diálogo con calma. (consulte la página 199.)

Recordar que no puedes controlar el comportamiento de otra persona. Este concepto ha eludido mucha frustración para mí. Los bebés son tan adorables y dóciles que estas decepcionada cuando el niño comienza con "¡No, mamá! ¡Yo no lo quiero!" La verdad es que no puedes hacer que tu hijo haga nada. Y tu hijo no quiere hacer todo lo que pidas sólo porque tu estás pidiendo.

Darme cuenta de que no puedo hacer que el bebé use un sombrero, se siente en el orinal o coma más comida reduce la tensión en torno a esas cosas cotidianas.

Sólo puedes decirle a tus hijos lo que esperas de ellos, y cómo vas a comportarse si deciden no cumplir. "Ese ruido molesta a nuestros vecinos. Por favor, deja de golpear el juguete en el suelo, o te lo voy a quitar." "Abajo de la mesa en la cuenta de tres, o yo te ayudaré." "OK, última oportunidad para ir al baño. Si te levantas de nuevo, es el momento de pañales."

Toma la vista larga. Imagínate si los niños aprendieran la autodisciplina—o cualquier otra cosa—en una sola leccion. Nosotros, los padres, tenemos al menos veinte años para enseñar estas cosas a nuestros hijos—e incluso entonces el cerebro no ha terminado el desarrollo. Así que cuando tu hijo no limpia su habitación por la décima vez, tal vez es bueno decir: "Creo que los dos estamos muy cansados ahora. Mañana vamos a hablar y llegar a un plan para mantener tu habitación limpia."

Se exitosa con tus rutinas

Todos los días, mi marido se despierta al mismo tiempo, corre con el cochecito a lo largo de la misma ruta, le da avena a nuestra bebé para el desayuno y hace un sándwich de jamón para el almuerzo.

Yo soy diferente. Podría ir a la cama a las 10:00 pm o a las 2 am. Podría envolverme en un proyecto y olvidar de comer el almuerzo. Pero sé que los bebés prosperan con la rutina, por lo que trabajo duro para mantener las comidas y siestas de nuestra bebé en un horario regular. Sus niñeras vienen a los mismos días cada semana. Ella va a la cama aproximadamente a la misma hora todas las noches, porque no planeamos salidas que entran en conflicto.

La investigación muestra que estamos en el camino correcto. Las rutinas ayudan a los niños a:

- planificar y hacer predicciones sobre el futuro, ayudando a desarrollar la función ejecutiva.
- sentirse independiente, porque son capaces de hacer parte de una tarea sí mismos después de practicar una y otra vez.
- prácticar el auto-control (consulte la página 116).

Para los bebés, la rutina quiere decir crear estructura con los tiempos de comida, horas de sueño y rutinas de la hora de acostarse consistentes. Después de 3 años de edad o alrededor, puedes ayudar a tus hijos a crear y seguir sus propias rutinas. Una lista de verificación es una buena manera de empezar.

La lista de verificación

Crea una lista de verificación de la rutina de la mañana juntos, escrita o simplemente ilustrada, de todo lo que los niños tienen que hacer antes de la escuela.

»

«

Enumera no más de siete tareas. Un niño de 3 años de edad podría tener sólo unas pocas: ir al baño, comer el desayuno, vestirse. La lista de un niño de 5 años de edad incluiría más tareas:

vestirse, hacer la cama, hacer el almuerzo, desayunar, lavarse los dientes y ponerse los zapatos, el abrigo y la mochila. Preguntar a tu hijo que es importante: "Y que necesitaras para caminar por la calle?"

A medida que los niños se distraen durante su rutina de la mañana, recuerdales: "Verifica la lista." Eso es todo lo que tienes que decir, en lugar de gritar, "¿Te lavaste los dientes? ¡Te dije hace diez minutos que te cepillaras los dientes! ¡¿Dónde están tus zapatos?!" Puedes decir simplemente, y tantas veces como sea necesario: "¿Qué necesitas hacer en este momento? Revisa la lista."

A las pocas semanas de práctica, los niños comienzan a revisar la lista por su cuenta. Las mañanas, informan los padres, se parecen mucho menos a una rebelion.

Señala un tiempo de calma, no un tiempo-fuera

Típicos tiempos-fuera se llevan a cabo de manera tan ineficaz, es mejor darles un nuevo nombre.

Lo que los padres suelen hacer es amenazar a un tiempo-fuera, sermonear, amenazar de nuevo y finalmente enviar a sus hijos a un tiempo-fuera. Ellos airadamente luchan con su hijo para llevarlo y devolverlo a su tiempo-fuera. Ellos gritan a sus hijos a callarse si suena como que se están divirtiendo allá, se preocupan de el si está llorando, hacen que su hijo se disculpe después y concluyen con un sermon. En otras palabras, un montón de atención.

?La técnica realmente eficaz? Brevemente retirar la atención de la mala conducta de tu hijo.

Tu primero:

"Necesito calmarme. Voy a leer en mi habitación por unos minutos."

"Es hora de un tiempo de calma. Voy a tomar respiraciones profundas."

"No vamos a hablar de esto hasta que los dos estemos en calma."

Los tiempos de calma se utilizan para detener el comportamiento disruptivo o desafiante. Pero piensa en ellos como algo positivo, no punitivo. Su propósito es darle a tu hijo—y a tú—un momento para parar y recuperar el control de sí mismos.

Cuando no estás en el calor del momento, preparate

Averigua lo que tranquiliza a tu hijo. ¿Qué debería hacer tu hijo durante un tiempo de calma? No "estar pensando en lo que acaba de hacer mal." Eso no va a funcionar; las emociones están demasiado altas. En cambio, ella debería hacer una actividad que sabes tiende a calmarla.

»

≪

Juntas, piensen en una lluvia de ideas. Podría ser tomar respiraciones profundas (un niño de 2½ o 3 años puede hacer esto), golpear una almohada, saltar arriba y abajo, jugar con plastilina, pedir un abrazo, mirar un libro, escuchar música relajante, dibujar, estirar los musculos, hacer molinos de viento o abdominales o sentadillas, mirar por la ventana. . . Lo que sea que funcione.

Crear una Rueda de Elecciónes. Escribe las ideas en un gráfico circular, ilustrando cada artículo con una foto o dibujo. Actuar cada idea, sugiere la entrenadora de padres Sarina Natkin, para que tu hijo esté claro en lo que significan. Pretende estar enojada, va a la Rueda de Elecciónes, elige una opción, y haz esa cosa. Los niños suelen encontrar esto divertidísimo .

Elige un lugar para los tiempos de calma. Esto podría ser un rincón de la casa o un lugar en la habitación de tu hijo—un lugar que tu hijo decide por sí mismo. Que sea acogedor. Que sea un lugar donde tu hijo quiere ir aún cuando no es tiempo para calmarse.

POR QUE TIEMPOS-FUERA TÍPICOS NO FUNCIONAN BIEN

Tu hijo se siente abrumado por una emoción intensa, por lo que ella ha cerrado su puerta (consulte la página 170) y se comportó mal. Ella tiene que recuperar el control de sí misma. Enviandola a su habitación como castigo no le enseña cómo calmarse.

Si tu hijo se queda en el tiempo-fuera, lo más probable es que esta sentado allí ardiendo de resentimiento, no aprendiendo a calmarse. Al final, muestran los estudios, ella será más compatible con tus comandos. Pero el cumplimiento por temor del castigo no es un objetivo de los padres autoritarios.

Un tiempo de calma permite que tu hijo practique lidiar con emociones intensas. Esto a la larga le enseña una alternativa a la conducta que llevó al tiempo de calma. Le enseña que tomar un descanso cuando se está alterado es una buena cosa, no es algo malo.

Como señalar un tiempo de calma

1. **Manten la conversación corta y dulce.** "OK, tiempo de calma." Sé directa, no amenazante o irrespetuosa. No es necesario enviar a tu hijo afuera. (La clave está retirando la atención de la mala conducta, no necesariamente del niño.) Podrías decir: "¿Te gustaría sentarse a mi lado mientras te calmas?"

   O "¿Te gustaría ir a tu espacio de calma, o debo ir al mio?" Si tu hijo no va a elegir, Natkin dice, anuncia tu propio plan para calmarte: "Voy a ___." Puedes agregar, "Te quiero, pero estoy demasiado alterada para hablar de esto ahora."

   En algunos casos, no digas nada en absoluto. Si has dicho a tus hijos que ignorarás cualquier queja, simplemente no respondas a un quejido. Si has dicho a tus hijos que detendrás el coche si ellos pelean en el asiento trasero, simplemente detenlo. Tan pronto como se detiene el mal comportamiento (dale treinta segundos para asegurarte), continua.

2. **Practica una técnica para calmarte.** Esto hace tres cosas: modela para tu hijo cómo calmarse. Te calma. Y retira tu atención de la mala conducta de tu hijo.

   Podrías tomar respiraciones profundas, sentarte con un libro o el teléfono (incluso si estás demasiado alterada para concentrarte al principio), o escoger algo de la Rueda de Elecciónes de tu hijo.

   Dependiendo de la situación, es posible hacer estos solo, tu hijo podría hacerlos solo, o podrían hacerlos juntos. Algunos padres preguntan si a sus hijos les gustaría un abrazo primero.

3. **Señala los éxitos.** "¡Te calmaste a ti mismo!"

4. **Más tarde, enseñar la lección.** Una vez que todo el mundo está tranquilo, o incluso por la noche, habla con tu hijo acerca de la mala conducta y del comportamiento deseado. Haz preguntas de una manera sin prejuicios: "¿Qué pasó ahí?" "¿Qué puedes hacer de manera diferente la próxima vez?" "¿Qué necesitamos hacer para arreglar esto?"

Pregunta, "¿Puedes pensar en una mejor manera?"

El mejor elogio se centra en los esfuerzos del niño, no en sus rasgos. Lo mismo es cierto de la crítica.

En un estudio, a niños de kinder se les dio un escenario: una maestra les pidio crear una casa con piezas de Lego, y se olvidan de poner ventanas. Entonces, la maestra y el niño actuan lo que sucede a continuación, utilizando muñecos y hablando por ellos. (Los investigadores a veces utilizan este enfoque porque los niños pequeños imaginan y se insertan en las actuaciónes fácilmente.) Actuando la parte de su muñeca, la maestra dice: "La casa no tiene ventanas," y da una de las siguientes tres críticas.

Crítica de la persona: "Estoy decepcionado de ti."

Crítica del resultado: "Esa no es la manera correcta de hacerlo, porque los bloques no se enderezan y siguen siendo desordenados."

Crítica del proceso: "Tal vez podrías pensar en otra manera de hacerlo"

Los investigadores, dirigidos por Melissa Kamins y Carol Dweck a la Universidad de Columbia, luego evaluaron los sentimientos de autoestima de los niños: el grado en que los niños se sentían inteligentes, buenos, agradables y competentes. Los niños calificaron su estado de ánimo, y clasificaron la casa como un producto.

Criticar el carácter duele la autoestima, el estado de ánimo y la persistencia

ChilLos niños dados critica personal se calificaron más bajo en autoestima, tenían un estado de ánimo más negativo, eran menos persistentes y tenían más probabilidades de ver esta instancia de menos-que-estelar actuación como un reflejo de su carácter.

Niños dados las críticas del proceso tuvieron calificaciones más positivas en todas las categorías, mientras que las valoraciones de los niños que recibieron la crítica del resultado aterrizó en algún lugar en el medio.

Se pidió a los niños a continuar la actuacion: "¿Qué pasa después?" Las respuestas de los niños que recibieron crítica personal son un poco desgarradoras:

"Ella debe llorar e ir a la cama." "La maestra se enojó y se fue a casa."

"Él debe tener un tiempo-fuera."

Las respuestas de los niños que recibieron la crítica del proceso: "Yo puedo hacerlo de nuevo mejor si me tomo mi tiempo." "Voy a desmontarlo y montarlo de nuevo con las ventanas."

"Yo diría que no he terminado todavía, entonces yo podría cortar cuadrados de papel y pegarlos en la casa."

PRUEBA ESTO

Aquí hay algunas maneras de criticar el proceso en lugar de la persona:

- *"¿Qué crees que ha pasado aquí?"*
- *"¿Qué debemos hacer diferente la próxima vez?"*
- *"¿Puedes pensar en una mejor manera de hacerlo?"*

BUENO A SABER

Dweck advierte contra la protección de los niños contra las críticas. "La crítica constructiva discute con los niños lo que hicieron mal, por qué lo hicieron mal, y qué pueden hacer mejor la próxima vez. Los niños no pueden aprender sin críticas", dice ella. "Y si nunca los criticas, pensarán que los errores son tan terribles que no pueden enfrentarlos."

Mover

Nuestros cuerpos y cerebros anhelan movimiento. Pero si era difícil de hacer ejercicio antes del bebé, tratalo después. Así que ahora es un buen momento para hacer múltiples cosas al mismo tiempo. Levantar al bebé es ejercicio, ¿no? ¿Puedes ir a los lugares que tienes que ir, pero sin el auto?

Mecer, menear y balancear

pasan por una fase de hacerlo ellos mismos: rebotando, balanceándose, meciéndose, ya a veces (desafortunadamente) golpeandose la cabeza.

Pues resulta que, tener un buen sentido del equilibrio y el movimiento está asociado a la capacidad de aprendizaje del bebé. ¿Quién lo diría?

El científico Lise Eliot sugiere pensar en ello de esta manera: nuestras habilidades emocionales y cognitivas de nivel superior se construyen en cima de una fundación de nuestras capacidades sensoriales y motoras.

La parte del cuerpo que controla el equilibrio y el movimiento, el sistema vestibular, falta en los niños con problemas emocionales, déficit de atención, problemas de aprendizaje, trastornos del lenguaje y el autismo.

El movimiento calma

Los investigadores hicieron que los padres calmen a los recién nacidos de 2 a 4 días de edad, ya sea sosteniéndolos, o meciendolos, cargandolos y meneandolos. La segunda opción funcionó mejor.

LA INVESTIGACIÓN

Jugar girar al bebé

Sentado en una silla giratoria con un bebé en tu regazo, los investigadores dieron la vuelta y se detuvieron bruscamente, esperando durante treinta segundos antes de girar de nuevo. Los bebés habían sosteniendo en varias posiciones, para afectar a los tres canales semicirculares del oído: la cabeza inclinada hacia delante treinta grados, acostado en su lado derecho, y acostado en su lado izquierdo. Los investigadores mantuvieron esta rutina dos veces a la semana durante un mes, a diez giros en cada posición. ¿Y? En comparación con los controles, los bebés que giraban tenían mejores reflejos y fueron mejores a sentarse, gatear, pararse y caminar.

"Rema tu bote"

Entra en la posición del avión: recuestate boca arriba con las rodillas cerca de tu pecho. Pon el bebé panza abajo sobre tus canillas, frente a ti, y sostiene las manos del bebé.

Canta "Rema, rema, rema tu bote, suavemente por la corriente. . .."
Sube y baja los pies para mover al bebé arriba y abajo

"Feliz, feliz, feliz, feliz. . ."
Mueve los brazos del bebé

"¡La vida no es más que un sueño!"

Sosten los hombros del bebé, uno en cada mano. Levanta tus pies, enderezando las piernas, para que el bebé este al revés. Baja el bebé de vuelta a la tierra para terminar.

Sigue moviendote

El ejercicio hace cosas tremendas para la mente, el cuerpo y el alma.

Aumenta la habilidad de resolver los problemas, la capacidad de pensamiento abstracto, la memoria a largo plazo, el razonamiento, la atención y más. Reduce la ansiedad, el estrés y la depresión.

Cómo? El ejercicio

- aumenta el oxígeno al cerebro,
- ayuda a crear y proteger a las neuronas,
- eleva una sustancia química llamada factor neurotrófico derivado del cerebro que derriba una hormona del estrés tóxico, y
- libera mensajeros químicos (norepinefrina, serotonina, dopamina) que actúan contra los trastornos del estado de ánimo.

Resulta que todo tipo de cosas se descomponen en el cuerpo cuando estás sedentaria.

Pensé que una persona sedentaria era alguien que se acuesta en el sofá todo el día, comiendo patatas fritas y viendo la televisión. Resulta que "sedentaria" se refiere a casi todos nosotros. Si te sientas por la mayor parte del día, como en la oficina, estás en mayor riesgo de enfermedades crónicas, incluso si haces ejercicio en algún momento. Sentarse excesivamente tiene un efecto tan negativo en tu tasa metabólica que el investigador de la Clínica Mayo, James Levine lo llama una "actividad letal."

El biólogo evolutivo de Harvard Daniel Lieberman estima que nuestros antepasados cazadores-recolectores caminaron cinco y media a nueve millas al día. Las condiciones que forjaron nuestros cerebros son a menudo las en que todavía prosperamos hoy.

Necesitas hacer ejercicio vigoroso (donde estés respirando con dificultad) por un total de al menos treinta minutos al día. Pero es tan importante que te muevas, no te sientas, durante todo el día. Si eres un padre que se queda en casa, es probable que estes agradecido por un momento para sentarse y descansar. Si no, piensa seriamente en la manera de dejar de depender de tu coche, tu escritorio y el televisor.

Este concepto va para el bebé, también. Los niños pequeños necesitan gatear. Los niños mayores necesitan por lo menos una hora al día de una actividad aeróbica, como correr, saltar la cuerda, baloncesto, natación o fútbol. Hacer que ellos se muevan durante al menos quince minutos cada hora.

LA INVESTIGACIÓN

Utilizando datos de un estudio enorme de varios años sobre el envejecimiento, los investigadores observaron a sesenta y tres mil hombres de 45-64 años de edad y encontraron que los que estaban sentados más de cuatro horas al día eran "significativamente más probables" de haber sido diagnosticados con enfermedades del corazón, cáncer, diabetes, o presión arterial alta que los que estaban sentados menos de cuatro horas al día..

PRUEBA ESTO

El consejo más útil que he recibido del pediatra de mi hijo hasta ahora es asegurarme de que reciba suficiente ejercicio durante el día. Si no hago el esfuerzo para salir de la casa—sí, algunos días que lleva esfuerzo—me doy cuenta de que el bebé esta irritable, tiene problemas para dormir la siesta y corre en la casa por la noche, como para compensar por la falta de ejercicio. Una de las mejores curas para el mal humor parece ser caminar afuera.

Ideas para el ejercicio

Busca gimnasios y estudios de yoga que ofrecen cuidado de niños (esto cuesta sólo $3-$5 por sesión donde vivo, en Seattle—realmente vale el costo). Ojala que una clase sea ofrecida despues o antes de la hora de la siesta. Si eres un padre que se queda en casa, pon todas las opciones en tu calendario para que sepas donde puedes ir cuando hay una oportunidad.

Unete a una clase de entrenamiento de padres y bebés como Stroller Strides, Strollercize, Stroller Fit, Baby Boot Camp, yoga o natación.

Obten un cochecito para jogging para que puedas salir a la calle en tu propio horario (es decir, en el horario impredecible del bebé).

Ecuentra un compañero de entrenamiento. Lo ideal es que se trate de alguien cuyo niño toma siestas predecibles que se alinean con las siestas de tu hijo. O alguien que es lo suficientemente flexible que puedes cambiar el tiempo de ejercicio en el ultimo minuto, porque es muy difícil salir de la casa a tiempo con un bebé al principio. O alguien que pueda reunirse con tigo antes de que el bebé se despierte o mientras tu pareja da al bebé el desayuno.

Hacer algo que te encanta. Si la palabra "entrenamiento" te hace estremecer, haz senderismo o baile o cualquier otra cosa donde sudar es sólo un bono.

HAZLO AHORA

¿Qué vas a hacer por treinta minutos de ejercicio vigoroso?
Se específico acerca de los días, horas y lugares..

Ideas por el movimiento

Deja el coche en casa. Deja el coche en casa. Sí, necesitas más tiempo para caminar los cuarenta minutos al restaurante que para conducir los diez minutos allí mismo. ¿Es eso tan malo? Ganas tiempo para hablar con quien vas a almorzar, te sientes más conectada con tu entorno y te sientes muy bien después de la comida. Tal vez una tienda de comestibles o un mercado del granjero está a poca distancia. Podrías meter tus compras en el cochecito. O podrías andar en bicicleta para tus diligencias, poniendo los artículos en una mochila o alforja, o metiendolos cerca de tu hijo en un remolque de bicicleta. Incluso si el lugar está a cinco millas de distancia, llegar allí en bicicleta tardará sólo treinta minutos más o menos. Oye, ahora ya has terminado tus treinta minutos de ejercicio vigoroso.

La idea de que el movimiento es más importante que la velocidad definitivamente necesita un cambio en el pensamiento. Podrías trabajar en él de forma incremental, como caminar o andar en bicicleta una parte del camino, y usar el bus o conducir el resto. O podrías hacer un cambio dramático, como elegir una casa más pequeña en un barrio transitable sobre una casa suburbana, donde no es práctico caminar o andar en bicicleta.

¿Estás pensando, "Yo no podría hacer eso"?

Toma un minuto para escribir tus inquietudes. Al lado de cada uno, escribe una lluvia de ideas acerca de como podrías quitar ese obstáculo. Por ejemplo, si el ciclismo parece imposible porque "no sabes cómo vas a llegar", revisar algunas rutas en Google Maps, y comienza a imaginar cómo podría funcionar.

Si se trata de "No me gusta caminar en este clima", resuelve a comprar el equipo adecuado, pruebalo y ve si es tan horrible como te imaginas. Si uno de los beneficios de una casa suburbana es "un lugar seguro para que los niños jueguen", tu exigencia de una casa urbana podría ser "en una calle tranquila cerca de un parque."

Adéntrate en el por qué, y llega al por qué no.

»

≪

Párate en tu escritorio. Es difícil de dejar de estar sentado ocho horas al día si hay una silla en tu escritorio. Afortunadamente, los escritorios de pie ya no parecen raros.

(El mío implica una computadora portátil en un contenedor de plástico y un monitor externo, pero hay opciones más elegantes.) Escritorios con una cinta de caminar no se quedan atrás; incluso se pueden comprar en Target. Se camina lentamente en frente de ellos a medida que se trabaja.Los primeros en adoptarlos juran que sus escritorios caminadores son exepcionales. Como el presentador de TV, Jimmy Kimmel, meteorólogo Al Roker y redactor del New Yorker Susan Orlean. Orlean dijo a NPR que su bajón de la tarde en el trabajo se ha ido, y ella no hecha de menos sentarse:

"Lo curioso es que cuando salgo de mi oficina, no es que pienso, 'Oh, Dios mío, gracias a que por fin puedo ir a sentarme'. Encuentro que tengo más energía, y lo que a menudo viene a la mente es, 'Oh , creo que me voy a dar un paseo al perro. '"

Y hay "dworley" en instructables.com, que me hizo reír: "Después del período de ajuste inicial, durante el cual caminar era una tortura y estar de pie fue algo que hice para las emergencias, ahora puedo decir que es lo único responsable de toda la felicidad que he tenido."

Elige el camino más difícil. Usa las escaleras en vez del ascensor, incluso si tu oficina esta a los veinte pisos de altura. Lleva al bebé en un portador o mochila en lugar de en un cochecito. Corre con el cochecito en lugar de caminar, aunque sea por un corto tramo. Parqueate lo más lejos posible. Nuestro instinto natural es elegir el camino más fácil, así que tienes que anular conscientemente esto.

Sé un padre que se queda en casa. ¡Estarás a pie todo el día! Estirarte a través de la cocina para cocinar y limpiar, agacharte para recoger los juguetes / el bebé / los derrames, luchar con el bebé en los cambios de pañales y ropa, caminar sólo para salir de la casa. . .

Todavía necesitarás treinta minutos de ejercicio vigoroso, pero en mi experiencia, seguro que no estarás sentado.

¿Qué cosas especificas haras para evitar estar sentado durante largos periodos?

Ir más despacio

Los bebés son lentos. Y los bebés son todo lo abarca. Cuanto más presente estés cuando estés con bebé—deja el trabajo en el trabajo, esconde distracciones digitales e incluye al bebé en las tareas del día (a pesar de que van a tomar más tiempo)—más disfrutarás del bebé. Adopta el ritmo del.

Sé tranquila

¿Cuántas veces nos detenemos a simplemente *ser*?

Los estudios insinuan que las personas que meditan diariamente tienen

- más materia gris en las áreas del cerebro asociadas con la memoria y el aprendizaje, y menos materia gris en algunas partes del cerebro asociadas con el estrés.
- más pliegues, y por lo tanto, más neuronas en la corteza cerebral. El número de pliegues aumenta mientras más años se ha estado meditando, lo que demuestra que el crecimiento del cerebro no está en un declive irreversible después de los 20 años de edad, como se pensaba.
- más empatía. Cuando oyen los sonidos de alguien sufriendo, una parte del cerebro relacionada con la empatía reacciona con más fuerza.
- más tiempo de atención.

The *New York Times* llama a la meditación "Un ejercicio para el cerebro." Eso es porque la quietud—meditación—es un trabajo mental desafiante.

La meditación no se trata de estar allí con los ojos cerrados, tratando de forzar su mente a no tener pensamientos. En su lugar, trae continuamente tu conciencia de vuelta al momento presente, a menudo por enfocar tu atención en la respiración y dejar que pensamientos aleatorios se van a medida que surjan. A nuestras mentes realmente les gusta pasear, por lo que hay que trabajar para mantenerse en el presente por más de unos pocos segundos.

Una mente que es mejor en concentrarse también es mejor en la memoria a corto plazo (que es la capacidad de retener y utilizar los pedazos de información). En un estudio, los investigadores pidieron a los estudiantes universitarios a meditar durante dos semanas, y descubrieron que su memoria a corto plazo mejoró, mientras que sus pensamientos dejaban de volar. En una prueba GRE, sus puntajes promedio verbal-razonamiento mejoraron en un 13 por ciento.

Para los niños, una meditación caminando

Los niños tienen problemas para permanecerse sentados por mucho tiempo (si no lo has notado). Pero pueden meditar caminando en silencio durante cinco minutos a la vez. En las escuelas Montessori, los niños caminan mientras sostienen una campana, tratando de no hacerla sonar.

Después de los 10 años de edad, introduce el concepto de sentarse cómodamente en un lugar tranquilo y concentrarse en la respiración. Haz que tus niños pongan una mano en el vientre y observen cómo se siente al respirar profundamente. Enséñales a repetir una frase simple, como "Amor", "Om", o "Yo soy", con cada respiración, que ayuda a calmar la mente.

En Nataki Talibah Schoolhouse, una escuela "charter" en Detroit, los estudiantes de quinto a octavo grado meditan al cerrar sus ojos y en silencio repiten una mantra durante diez minutos, dos veces al día. Un estudio de los niños los encontró más felices, con una mayor autoestima, una mayor capacidad para manejar el estrés, y socialmente más hábiles que los niños en una otra escuela de Detroit que no meditaban.

Algo a tener en cuenta.

»

«

Sé realmente presente en el momento

Una práctica de meditación poderosa está en tomar el tiempo para darse cuenta de lo que realmente estás sintiendo en este momento.

Podría ser durante la comida: masticar lentamente, notando la textura y el sabor en la boca, escuchando el sonido que hacen los dientes, notando lo que tu lengua está haciendo y lo que sucede en tu garganta mientras que tragas. Podría ser durante una reunión: detecta cómo los músculos de la espalda y las piernas se ajustan continuamente a medida que estás sentado.

Podría ser durante una caminata: pausa en silencio hasta que empieces a escuchar los chirridos de aves distantes, el ruido de un arroyo, el viento en las hojas y los otros sonidos sutiles del bosque.

He aquí un ejercicio para ayudarte, que también podría funcionar con los niños más grandes. Sientate con otra persona, cómodamente cerca el uno del otro. La primera persona pregunta: "¿Qué estás experimentando en este momento?"

La segúnda persona responde con cualquier sensación o emoción o pensamiento que le viene a la mente. "El sonido de los pájaros afuera." "El calor extendiendose por mi pecho." "El deseo de esconderme."

La primera persona responde, "Gracias." Como en, gracias por ser vulnerable en este momento y compartir esto conmigo.

Tome una respiración o dos. Repetir la pregunta. Despúes de cinco minutos, cambia los roles.

Brent Morton, un maestro de Seattle, lideró un grupo a través de este ejercicio durante un retiro de yoga, y la experiencia me quedó grabada. Un compañero te ayuda a mantener la concentración en la meditación, porque sabes que necesitarás una respuesta a la próxima pregunta. Tus respuestas se vuelven más profundas a medida que avanzas, si las dejas, y esa vulnerabilidad crea una conexión con la otra persona. También puede ser una buena práctica para verbalizar tus emociones (ver página 180).

PRUEBA ESTO

Los estudiantes (incluyendo niños de 5 años) en una clase tradicional de Tae Kwon Do fueron dirigidos a hacerse tres preguntas:

1. *¿Dónde estoy?*
2. *¿Qué estoy haciendo?*
3. *¿Qué debo hacer?*

La primera pregunta trae el enfoque del estudiante al momento presente. La segunda pregunta centra la mente del estudiante en un objetivo claro y específico. La tercera pregunta ayuda al estudiante a chequear para ver si sus acciones actuales le ayudarán a lograr el objetivo que tiene.

Estoy poniendo estos consejos en mi bolsillo, porque estas preguntas me parecen útiles para un niño haciendo casi cualquier actividad. Pues, parecen muy útiles para mí.

No te molestes en comparar

Mi amigo se ha dado cuenta de la respuesta correcta a cualquier noticia relacionada a l bebé.

Si le dices que tu bebé se esta rastrando / sentando / caminando / hablando / escalando / lo que sea, va a exclamar: "*¿¡¿Ya?!?*" Se siente bien escuchar eso, ¿verdad? Todos queremos que nuestros bebés esten un poco mas adelantados de lo normal.

La realidad: no tiene sentido comparar a los niños.

No hay dos cerebros iguales

Los cerebros de los niños no pasan por fases de desarrollo de la misma manera, al mismo tiempo o en el mismo orden. Pueden saltar y luego volver de nuevo a fases. Pueden repetir algunas. Incluso las fases, ellas mismas, están en disputa. El cerebro es una cosa misteriosa.

Y puesto que ambas experiencias y genética cablean el cerebro, es imposible que cualquier dos cerebros sean los mismos, incluyendo los de los gemelos idénticos.

Comprende el comportamiento apropiado para la edad

Todavía es útil saber lo que la mayoría de los niños son capaces de hacer y cuándo, para que tus expectativas sean realistas.

¿Tu hijo de 3 meses de edad no está durmiendo toda la noche? ¿Ha comenzado tu niño de 18 meses a abofetearte? ¿Tu hijo de 4 años de edad esta menos dispuestos a compartir que antes? Todo normal. (Puedes inscribirte en babycenter.com para un correo semanal sobre lo que los bebés de cierta edad hacen a menudo.)

Pero la próxima vez que estes comparando notas con amigos o foros, no te preocupes excesivamente o estes demasiado orgulloso.

Y la próxima vez que los padres inocentemente relatan un hito, haz que ellos se sientan bien. "*¿Ya?!?*"

PRUEBA ESTO

"No te molestes en comparar" va para la crianza de los hijos, también. Podemos ser tan críticos de las decisiones de los demas. Los autores de I Was a Really Good Mom Before I Had Kids observa que esto viene de un lugar de inseguridad, y la necesidad de validar nuestras propias decisiones como padres. Estamos haciendo todo lo mejor que podemos, ¿verdad? Necesitamos toda la ayuda y el estímulo que podamos conseguir. (Si estás sintiendo el peso de las altas auto-expectativas, y necesitas una risa, lee ese libro.)

Encuentra tu propio equilibrio trabajo-familia

La mayoría de las nuevas madres encuestadas dicen que, para ellos, trabajar a tiempo parcial o no hacerlo sería ideal.

De las madres que actualmente trabaja a tiempo completo:	De las madres que no trabajan actualmente:
44% preferiría estar trabajando a tiempo parcial	40% preferiría estar trabajando a tiempo parcial
9% prefiere quedarse en casa a tiempo completo	36% están contentos de estar en casa de tiempo completo

Pew Research Center, marzo 2013

Las madres que trabajan a tiempo parcial durante los primeros años tienden a ser más felices

En una encuesta del Pew Research Center, las madres que trabajan a tiempo parcial hasta la edad preescolar informan

- menos depresión que las mamás que se quedan en casa;
- mejor salud general que las mamás que se quedan en casa;
- menos aislamiento social, que afecta a la salud mental;
- mayor capacidad para desarrollar nuevas habilidades, que también afecta a la salud mental;
- menos conflicto trabajo-familiar, en comparación con las mujeres que trabajan a tiempo completo; y
- crianza de los hijos más sensibles, en comparación con las mujeres que trabajan a tiempo completo o que permanecen en casa .

Después del preescolar, la historia cambia. A un ritmo igual, la encuesta de Pew informa, mujeres que trabajan por dinero y aquellas que no, informan estar "muy contentas" con sus vidas: 36 por ciento para ambos grupos. Estar casado es un predictor más fuerte de la felicidad que el estado laboral.

Esto puede o no describirte, por supuesto. Es solo algo para pensar mientras descubres lo que quieres hacer en cuanto al trabajo. Algunos posibles motivos de los resultados de la encuesta:

- Quedarse en casa a tiempo completo, criar a los hijos durante horas y horas, es un trabajo mental y emocional agotador. Desde una perspectiva cerebral, implica permanecer constantemente alerta, tomar una cantidad asombrosa de decisiones, intuir rápidamente y responder a las necesidades de otra persona, y actuar con empatía y autocontrol.
- Trabajar a tiempo parcial para pago (o estudiar en la escuela) puede ser una buena combinación. Es intelectualmente estimulante. Es reconfortante saber que sus habilidades y su red profesional no serán completamente inactivas. Si te quedaste en casa a tiempo completo durante algunos meses antes de volver al trabajo, es posible que sientas que estás recuperando una parte importante de tí mismo que se perdió. Sin embargo, también hay un tiempo sin prisas con el bebé.
- Trabajar a tiempo completo para pago (ya sea por elección o no) y tratando de equilibrar la vida familiar puede ser un desafío que induce culpabilidad.

He hecho todo lo anterior hasta ahora.

Para las mamás o los papás que se quedan en casa a tiempo completo: Sí, tenemos la bendición de tener este tiempo precioso con nuestros hijos. También somos la primera generación en pensar que es normal ser padres solos. No es normal. Por favor coordine el cuidado infantil regular "solo" para un descanso durante el día (vea la página 134).

Para los padres primerizos que trabajan a tiempo completo: Si esto no se siente bien para ti, y tienes la opción, pide un horario de trabajo flexible o de tiempo parcial. Eso puede ser aterrador. Pero depende de ti establecer tus límites. Las empresas siempre toman todo el tiempo que les das.

Para padres satisfechos con su situación laboral: ¡Chócala! Has descubierto lo que funciona para tu familia. (Ahora comparte tus secretos con el resto de nosotros: zerotofivebook en Facebook).

¿Estás volviendo al trabajo?

Si tu licencia termina mucho antes de lo que quisieras, lo siento mucho. La verdad es que la sociedad estadounidense no apoya a las nuevas familias en el crítico primer año. En lugar de sentirte culpable de que luches por manejarlo todo, ¿puedo sugerir enojo con el sistema (y quizás, eventualmente, una pasión por cambiarlo)? De cualquier manera:

Averigua qué puedes dejar. Para la cena, ¿puedes servir una jarra de salsa sobre vegetales preparados y llamarlo bueno? ¿Puedes contratar ayuda para la limpieza de la casa?

Crea una transición entre el trabajo y el hogar. Tal vez te vayas cinco minutos antes para poder sentarte en tu auto escuchando música. Tal vez hagas un pacto para no hablar sobre el trabajo hasta que el bebé se vaya a la cama, por lo que el enfoque pueda estar en la familia.

Si quisiera trabajar a tiempo parcial o menos, ¿está a tu alcance?

Las familias que hacen funcionar sus necesidades economicas con menos dinero no tienen necesariamente "suerte." Están haciendo sacrificios (ya sea de forma voluntaria o, en el caso de la pérdida del empleo, no).

Si van a vivir con menos de dos ingresos, ayuda tener dinero ahorrado antes de que llegue el bebé: un fondo de emergencia, por lo menos; tal vez un fondo de cuidado de niños; una hipoteca pagada si realmente han planeado con anticipación. El requisito principal, sin embargo, es un compromiso a ser frugal. Que en realidad puede ser bastante agradable.

Cocinar comidas en la casa es generalmente más sabroso, más saludable y una manera entretenida de pasar el tiempo con un niño pequeño. Comprar cosas utilizadas en lugar de nuevas significa que no te molesta cuando la chaqueta del bebé se tiñe de forma permanente dentro de las veinticuatro horas de tenerla, o ese juguete se pierde, o el bebé hace pis en tu ropa, o un artículo nunca se utiliza en absoluto. Lavar los pañales de tela y toallitas de tela resulta no ser gran cosa. Al convertir noches en la ciudad en convivios y noches de juego, encuentras que te conectas más profundamente con tus amigos. Al conducir menos, te conectas más con tu vecindario. Incluso hacer tratos con el futuro, como no comprar esa casa ahora mismo, o poner pausa en el ahorro de jubilación por unos pocos años, pronto se siente que vale la pena.

Con una planificación deliberada, puedo informar, vivir con menos funciona bastante bien.

La atención plena es lo más importante que puedes comprometerte como padre que trabaja. En el trabajo, estar en el trabajo. En casa, estar en casa. Estar verdaderamente presente, muestra la investigación, es un camino directo hacia la gratitud y la felicidad en tu vida.

¿Cómo se siente estar presente?

Aquí hay un experimento. Intenta sostener a tu bebé pero prestando más atención a tu teléfono celular durante dos minutos. Luego solo sostén a tu bebé y siente su piel durante dos minutos. Luego, pide a alguien que cuide al bebé y ve a otro lado para revisar tu teléfono durante dos minutos. Observa la diferencia en cómo se siente cada uno.

Está mas, haz menos

Los pequeños momentos—los que has elegido para estar en el momento, en lugar de apresurarte o estrésarte o mirar el teléfono—esos son los que tú y tus hijos apreciarán más.

¿Alguna vez has estado de vacaciones en una isla y te diste cuenta en el primer día que caminabas demasiado rápido?

Toma un poco de tiempo, pero pronto te relajas al ritmo de tu nuevo entorno. Comienzas a esconder tus distracciones digitales, porque no te convienen. Comienzas a sonreír a los extraños que pasan, porque te están sonriendo. Tu ritmo se ralentiza, y tus palabras se extienden. Dejas desplegar el día. Tal vez te sientas al lado de un hombre mayor fuera de la cafetería y charlas un rato. Tal vez te acuestas en el césped de un parque para ver las nubes flotar y sentir el sol calentando tu piel. Se siente de lujo. Es tan diferente que un día laborable apresurado y agobiado típico en casa.

Un vacacion en una isla: eso es lo que nos ofrecen los bebés, si permitimos. Los bebés nos frenan. Mi niña y yo podemos dar un paseo al parque, a cinco cuadras de distancia, y nos tardamos una hora en llegar. Ella va a caminar, brincar, correr y girar. Ella va a parar para llenar el bolsillo, entonces el mio tambien, con piedras. Ella trata de hacer girar las ruedas de los contenedores de reciclaje que bordean la acera, inspecciona los raíces de los árboles nudosos y ve el agua que fluye en un desagüe. Me dirá los colores de los coches aparcados, señalara a los aviones con alegría y gritará de alegría, "¡Ahí va el autobús!" Ella reira sin ninguna razón aparentemente. Su alegría en el mundo es contagiosa. Si trato de meterla con calzador en mis expectativas pre-bebé de la velocidad de la vida, ella está de mal humor y yo estoy tensa. Cuanto más me hago a su ritmo, se siente más bonito estar juntas.

El bebé te invita a reducir la velocidad. Este libro es un recurso para aceptar esa invitación.

En este libro he discutido:

- maneras de conectar realmente con tu pareja, amigos y el bebé en los momentos que componen un día.
- formas de enseñar en lugar de castigar cuando el bebé les pone a prueba, un enfoque que requiere tomar una visión a largo plazo.
- la importancia de acoger emociones, con empatía.
- ideas para moverse, jugar y hablar juntos.
- ideas para superar los tiempos difíciles con, lo espero, un montón de risas.

Las filosofías y los consejos practicos en estas paginas, lo dice la investigacion, nos ofrecen la mejor oportunidad de criar niños felices y capaces: niños que están conscientes de y en control de sus pensamientos, comportamiento y emociones.

Saber estas cosas, sin embargo, no hace más fácil de entender por qué tu recién nacido sigue llorando después de una hora de caminar, palmear y cantar. No va a evitar que tu corazón salte cuando el bebé tropieza y cae. Todavía estarás desconcertado si una mañana tienes que convencer a tu hijo que, sí, ella quiere que tu le cambies el pañal que está sucio. Este libro no hará que sea más fácil de limpiar el jugo de remolacha de tu alfombra de color claro. O tener paciencia cuando el bebé haga un berrinche sobre ponerse pantalones. O para recuperar tu vida sexual. O a (aparentar) mantener la calma cuando tu hijo deja marcas de mordeduras en un niño de otra persona, te miente en la cara o te grita "¡Te odio!" por primera vez.

Ser padre es un trabajo duro, no importa quién eres. No existe "perfecto." Permitete muchos, muchos errores. Recuerda, esta es la primera vez que has criado a un niño de 4 meses de edad, de 14 meses de edad o de 4 años de edad. Y un mal día no va a definir a tu hijo—o a tí—para siempre.

La otra verdad acerca de la paternidad es que los momentos difíciles se desvanecen rápidamente, porque los buenos momentos son tan buenos. El bebé te sonríe o envuelve sus diminutos dedos en torno a uno de los tuyos, y tu corazón se derrite. Sus mejillas redondas y sus diminutos dedos de los pies son eminentemente besables. Tan pronto como ella es capaz, ella se pone tus zapatos al revés y cruza la habitación. Ella corre a la puerta cuando llegas a casa, chillando de felicidad. Ella quiere hacer todo lo que haces: comer tu comida, llevar tu bolsa, llevar tu ropa, diga lo que digas, te ayudara con tus quehaceres. Ella hace las conexiones entre conceptos que te impresionas. Ella se acurruca en tu regazo en el sofá para una historia. Ella dice las cosas más divertidas, y en una voz tan linda. Ella te da un beso, o apoya la cabeza en tu hombro. Cuando ella duerme, nunca has visto una criatura tan hermosa.

A veces, incluso en medio de estar molesta, no te puedes evitar sonreír ante lo lindo que es tu hijo. Esta misma tarde estaba increíblemente frustrada de que mi hija se negó a permanecerse en cama para una siesta, y luego se puso de pie en su cama y anunció: "Necesito desnudarme ahora." ¡Los bebés son extraños! Varias veces al día, tienes la oportunidad de reír, jugar, sentir el amor, orgullo y alegría intenso, y estar absolutamente asombrado. Nunca puedes sentirte tan amado. Es como ninguna otra experiencia.

Todo el mundo dice esto, pero es la verdad: que te embarques en un viaje tan maravilloso. Espero que este libro les haya dado un buen comienzo.

Tracy

tracy@zerotofive.net
www.zerotofive.net

¡Gracias!

Un gran agradecimiento al consumado líder cívico Karen Story de Kirkland, Washington. Ella tradujo la mayoría de este libro al español, no una empresa pequeña.

Mi más profundo agradecimiento a Walt Krueger y sus colegas de Kirkland Promise, el comité educativo de la Cámara de Comercio del Gran Kirkland, que coordinó y ayudó en la traducción. Han sido partidarios incondicionales de este libro desde el principio.

Este libro no habría sido posible sin el trabajo, el amor y el apoyo de tanta gente. Mi marido, Lucas Timmerman, tomó a nuestra hija en salidas de "todo el día con papá" cuando los plazos se acercaban. Incluso se quedaron atascados en la casa de la abuela y el abuelo, en Wisconsin, durante una tormenta durante seis días— ¡ese tiempo fue una gran ayuda para mi!

La fotógrafa Betty Udesen hizo por encima y más allá, pasando horas con familias para capturar las imágenes hermosas a lo largo de estas páginas. El editor Miles Wray dio orientación perspicaz e inteligente, que mejoró en gran medida el texto.

También proporcionó el estímulo muy apreciado. El diseñador Nick Johnson

trabajo con la máxima profesionalidad en la creación de un libro y página web animada y atractiva. Y él me hizo reír.

El editor de Pear Press Mark Pearson tuvo dos ideas excelentes: vamos a publicar este libro, y vamos a terminar de trabajar en ello en Hawai. Marty Westerman preguntó grandes preguntas. Carrie Mechas proporciono correcciónes de precisión a la velocidad de la luz. La publicista Amy Hatch elaboro un plan de marketing de primera categoría.

Sarina Natkin tiene muchos títulos: entrenadora de padres, trabajadora social con licencia, instructora certificada Gottman, entrenadora certificada de Positive Discipline, cofundadora de Grow Parenting y persona perfecta con quién comer pastelitos. Mis entrevistas con ella fueron de gran valor en la formación de la sección de disciplina.

Muchas gracias a los investigadores Adele Diamond, Ellen Winner, Samuel Mehr,

Grover Whitehurst, Patricia Kuhl y Megan McClelland, además Sarina Natkin, para la revisión de páginas específicas. Gracias a los padres novatos y veteranos que prestaron opiniones de los primeros borradores, incluyendo Kris Higginson, Melissa Allison, Ashley Sparks, Luke Timmerman, Kiersten Christensen, Trina Gorman, Nihat Sengul, Marina Cartier y Carolina Toscano.

Betty y yo estamos muy agradecidos a los muchos amigos, y varios extranjeros, que aceptaron ser fotografiados con sus hijos: Andréa con Arden; Kasia; Sarah y Heather con Opal y Zoey; Michelle y Tony con Claire y Nora; Myan; Percy y Maribel con Amelia y Honorio; Madeline y Greg con Claire; Ross y Jess con Naomi; Hope con Henry; Stacy con Mak; Abyaz y Melinda con Alianna, además los abouelitos Mahmud y Parveen; Jerry y Karen con Miles; Sonia y Ziad con Zach y Quentin, además amigo Wheeler; Boo y Josh con Wolfie; Owen y Lisa con Jace; Meg con Grant y David; Jenn y Tom con Paige y Phoebe; niños del huerto de calabazas Adán, Rose, Naomi, Grady y Nora; y la "gemela" de Geneva, Maya. Gracias a Seattle Holistic Center y Music Together at Music Center of the Northwest por la coordinación de sesiones de fotos con sus clases.

Muchos otros apoyaron a este libro, sabiendo o sin saberlo, también. Miles y yo pasamos muchas horas discutiendo ediciones en el café del Metropolitan Market en Lower Queen Anne. Nick y yo revisamos diseños de página en Roosters Café en Bainbridge Island (un refrescante paseo en bicicleta y un tranquilo paseo en ferry). Sutra Yoga me mantuvo cuerda, especialmente las clases por Matthew Coe, Rob y Melissa Lundsgaard y Jenna Crouch. Es mi hogar lejos de casa. Tan pronto como este libro salga a la impresora, Trish Foss tendrá un lugar en esta lista. Estoy lista para un masaje.

¡Muchas gracias a todos por acompañarme en este viaje!

¿Me harías un favor?

Estaría muy agradecida si te tomaras un momento para escribir una crítica en Amazon, Goodreads o tu sitio favorito de libros. Cuantas más críticas tenga un libro, más visible será para otros que estén buscando ayuda. ¡Tu opinión es importante!

Si no te gustan las muestras públicas de afecto, o si tienes sugerencias para mejorar este libro, me encantaría escuchar de ti. **tracy@zerotofive.net**

Clave de edad

Usa esta clave de edad para saltar a páginas relevantes para tu hijo

Preparar

	Página	Edad del niño
Paz y tranquilidad, por favor (para comenzar)	7	0
Fortalece tus amistades	8	0
¿Comer para dos? No exactamente	10	0
Has ejercicio treinta minutos al día	12	0
Canta o lee a tu vientre	14	0
Estresarte menos	16	0
Comparte las tareas por igual	18	0
Si estás sufriendo, obtiene ayuda	22	0
Ten en cuenta que no puedes realmente estar preparado	28	0
Imaginate al bebé ya grande	30	0

Amar

	Página	Edad del niño
Prepárate para asombrarte	34	0, 1
Cree un sentimiento de seguridad	36	0
Consuela al recién nacido con lo que es familiar	38	0
Acurrucarse con el bebé	40	0
Estar en sincronía	42	0, 1, 2
Incluye al bebé	45	0, 1, 2, 3

	Página	Edad del niño

Hablar

Habla en voz cantarina	50	0, 1
Habla un montón con tu bebé	52	0, 1, 2, 3
Lean juntos	58	0, 1, 2, 3, 4, 5
Di, "¡Trabajaste tan duro!"	62	1, 2, 3, 4, 5
Enseña el lenguaje de señas	68	0, 1
Planifica citas de juego en un segundo idioma	71	0, 1, 2, 3, 4, 5

Dormir, comer y orinar

Proteje tu sueño	76	0
Defiende el sueño del bebé, también	78	0
Ayuda al bebé a dormir mejor por la noche	80	0
Da oportunidades al bebé a auto-calmarse	84	0
Llorando, por un tiempo, está bien	88	0, 1
Di "Disculpe" para mantener a los niños en la cama	92	3, 4, 5
Haz la hora de dormir menos loca	94	3, 4, 5
Relajate sobre la lactancia	96	0, 1
"Come alimentos. No demasiado. Sobre todo plantas."	98	1, 2, 3, 4, 5
Deja que el bebé decida cuánto comer	102	1, 2, 3
Ofrece la oportunidad para ir al baño	104	0, 1, 2

	Página	Edad del niño

Jugar

Deja que el bebé toque eso	108	0, 1, 2
Guarda las cajas	109	0, 1, 2, 3, 4, 5
Haz música con tu bebé	110	0, 1, 2, 3, 4, 5
Cuando los niños arrebatan juguetes, espera y verás	113	1, 2
Juega al autocontrol	116	3, 4, 5
Que hace una gran sala de juegos	122	2, 3, 4, 5
Fantasía	124	1, 2, 3, 4, 5
Cultiva la creatividad	128	3, 4, 5
Pregunta "¿Por qué?" y "¿Qué pasa si?"	130	3, 4, 5

Conectar

Pide ayuda	134	0, 1, 2, 3, 4, 5
Elije la empatía primero	136	0, 1, 2, 3, 4, 5
Crea más altas que bajas	138	0, 1, 2, 3, 4, 5
Conoce a tu hijo	140	0, 1, 2, 3, 4, 5
Realiza reuniones familiares semanales	144	3, 4, 5
Deja tu teléfono	146	0, 1, 2, 3, 4, 5
(Casi) no televisión antes de los 2 años	148	0, 1
Un poco de televisión después de 2 años de edad	150	2, 3, 4, 5
Haz social el tiempo de pantalla	154	2, 3, 4, 5
Alienta los errores, las molestias y el aburrimiento	156	1, 2, 3, 4, 5

	Página	Edad del niño

Guiar

	Página	Edad del niño
Sé firme pero cálido	160	1, 2, 3, 4, 5
Sigue cuatro reglas sobre reglas	166	1, 2, 3, 4, 5
Emoción primero. Problema segundo	170	1, 2, 3, 4, 5
Pon nombre a las emociones intensas	172	1, 2, 3, 4, 5
Di lo que ves	176	1, 2, 3, 4, 5
Guía en lugar de castigar	180	1, 2, 3, 4, 5
Planea con anticipación para evitar problemas	194	1, 2, 3, 4, 5
Se exitosa con tus rutinas	197	0, 1, 2, 3, 4, 5
Señala un tiempo de calma, no un tiempo-fuera	199	3, 4, 5
Pregunta, "¿Puedes pensar en una mejor manera?"	202	3, 4, 5

Mover

	Página	Edad del niño
Mecer, menear y balancear	206	0, 1, 2
Sigue moviendote	208	0, 1, 2, 3, 4, 5

Ir más despacio

	Página	Edad del niño
Sé tranquila	216	0, 1, 2, 3, 4, 5
No te molestes en comparar	220	0, 1, 2, 3, 4, 5
Encuentra tu propio equilibrio trabajo-familia	222	0, 1, 2

Referencias

Preparar

Paz y tranquilidad, por favor (para comenzar)

Petersen, Clarence. "Why Wait for Birth to Begin Talking to Baby?" *Chicago Tribune* 17 Dec. 1987.

"Frequently Asked Questions." *Babyplus: Prenatal Education System.* Web. babyplus.com

De Graaf-Peters, Victorine B., and Mijna Hadders-Algra. "Ontogeny of the Human Central Nervous System: What Is Happening When?" *Early Human Development* 82.4 (2006): 257-66.

¿Comer para dos? No exactamente

Watkins, Margaret L., Sonja A. Rasmussen, Margaret A. Honein, Lorenzo D. Botto, and Cynthia A. Moore. "Maternal Obesity and Risk for Birth Defects." *Pediatrics* 111.5 (2003): 1152-1158.

Coletta, Jaclyn M., Stacey J. Bell, and Ashley S. Roman. "Omega-3 Fatty Acids and Pregnancy." *Reviews in Obstetrics and Gynecology* 3.4 (2010): 163-71.

Simopoulos, A.P. "The Importance of the Ratio of Omega-6/omega-3 Essential Fatty Acids." *Biomedicine & Pharmacotherapy* 56.8 (2002): 365-79.

Hibbeln, Joseph R., John M. Davis, Colin Steer, Pauline Emmett, Imogen Rogers, Cathy Williams, and Jean Golding. "Maternal Seafood Consumption in Pregnancy and Neurodevelopmental Outcomes in Childhood (ALSPAC Study): An Observational Cohort Study." *The Lancet* 369.9561 (2007): 578-85.

Raatikainen, Kaisa, Nonna Heiskanen, and Seppo Heinonen. "Transition from Overweight to Obesity Worsens Pregnancy Outcome in a BMI-dependent Manner." *Obesity* 14.1 (2006): 165-71.

Scott-Pillai, R., D. Spence, CR Cardwell, A. Hunter, and VA Holmes. "The Impact of Body Mass Index on Maternal and Neonatal Outcomes: A Retrospective Study in a UK Obstetric Population, 2004-2011." *BJOG: An International Journal of Obstetrics and Gynecology* 110.8 (2013): 932-39.

The Endocrine Society. "Pregnant women can prevent excess weight gain with simple steps, study finds." *ScienceDaily*, 6 Jun. 2011.

Has ejercicio treinta minutos al día

Cohn, Meredith. "Hopkins Looks into Fitness Guidelines for Pregnant Women." *The Baltimore Sun* 03 Nov. 2010

Brown, Wendy. "The Benefits of Physical Activity during Pregnancy." *Journal of Science and Medicine in Sport* 5.1 (2002): 37-45.

Melzer, Katarina, Yves Schutz, Michel Boulvain, and Bengt Kayser. "Physical Activity and Pregnancy: Cardiovascular Adaptations, Recommendations and Pregnancy Outcomes." *Sports Medicine* 40.6 (2010): 493-507.

Estresarte menos

Buss, Claudia, Sonja Entringer, James M. Swanson, and Pathik D. Wadhwa. "The Role of Stress in Brain Development: The Gestational Environment's Long-Term Effects on the Brain." *The Dana Foundation.* 25 Apr. 2012. Web. dana.org.

Laplante, David P., Alain Brunet, Norbert Schmitz, Antonio Ciampi, and Suzanne King. "Project Ice Storm: Prenatal Maternal Stress Affects Cognitive and Linguistic Functioning in 5 1/2-Year-Old Children." *Journal of the*

American Academy of Child and Adolescent Psychiatry 47.9 (2008): 1063-1072.

"Project Ice Storm: Continuing Effects of Prenatal Stress on Children's Physical, Cognitive, and Behavioural Development in Adolescence." McGill University, 16 July 2012. Web. mcgill.ca.

Canta o lee a tu vientre

Hepper, Peter G., and B. Sara Shahidullah. "Development of Fetal Hearing." *Archives of Disease in Childhood* 71.2 (1994): F81-87.

Babies Listen and Learn While in the Womb (quote from Patricia Kuhl: fetus can't hear dad's voice) Web. webmd.com

Comparte las tareas por igual

Parker, Kim, and Wendy Wang. "Roles of Moms and Dads Converge as They Balance Work and Family." *Pew Research Social & Demographic Trends*. 14 Mar. 2013. pewsocialtrends.org.

Mundy, Liza. "The Gay Guide to Wedded Bliss." *The Atlantic*. 22 May 2013. Web. theatlantic.com.

Gager, Constance T., and Scott T. Yabiku. "Who Has the Time? The Relationship Between Household Labor Time and Sexual Frequency." *Journal of Family Issues* 31.2 (2010): 135-63.

Shellenbarger, Sue. "Housework Pays Off Between the Sheets." *The Wall Street Journal*. 21 Oct. 2009. Web. wsj.com.

Seppa, Nathan. "Some Chores Linked to Less Sex." *Science News*. 30 Jan. 2013. sciencenews.org.

Ogolsky, Brian G., and Jill R. Bowers. "A Meta-analytic Review of Relationship Maintenance and Its Correlates." *Journal of Social and Personal Relationships*. 30.3 (2013): 343-67.

Si estás sufriendo, obtiene ayuda

Stone, Katherine. "Depression in Men: A Dad's Story of Male Postpartum Depression." *Postpartum Progress*. 24 Apr. 2012. postpartumprogress.com.

Prevé el conflicto como pareja

The Gottman Institute. Bringing Baby Home Program. *The Gottman Institute*. Web. gottman.com.

Heinicke, Christoph M., Donald Guthrie, and Gloria Ruth. "Marital Adaptation, Divorce, and Parent-infant Development: A Prospective Study." *Infant Mental Health Journal* 18.3 (1997): 282-99.

Ama

Prepárate para asombrarte

Meltzoff, Andrew N. "Born to Learn: What Infants Learn from Watching Us." *The Role of Early Experience in Infant Development*. Skillman, New Jersey: Pediatric Institute Publications, 1999.

Gopnik, Alison. "How Babies Think." *Scientific American* July 2010: 76-81.

What Do Babies Think? Perf. Alison Gopnik. TED Talks, 2011. Video.

Reddy, Sumathi. "Wise Beyond Their Years: What Babies Really Know." *The Wall Street Journal*. 11 Feb. 2013. Web. wsj.com.

National Science Foundation. *Young Babies Prefer Helpers over Hinderers*. Web. research.gov.

Eric Lander at Aspen Ideas 2013 Afternoon of Conversation. Perf. Eric Lander. Aspen Ideas Festival. 1 July 2013. Web. aspenideas.org.

Bryner, Jeanna. "Babies' Brains Churning With Activity." *Livescience*. 11 Aug. 2009. livescience.com.

Cree un sentimiento de seguridad

Dewar, Gwen. "Stress In Babies: How Parents Keep Babies Calm, Happy, and Emotionally Healthy." *Parenting Science*. 2013. parentingscience.com.

Davies, Patrick T., Melissa L. Sturge-Apple, Dante Ciccetti, and E. Mark Cummings. "The Role of Child Adrenocortical Functioning in Pathways Between Interparental Conflict and Child Maladjustment." *Developmental Psychology* 43.4 (2007): 918-30.

Thompson, Laura A., and Wenda R. Trevathan. "Cortisol Reactivity, Maternal Sensitivity, and Learning In Three-Month-Old Infants." *Infant Behavior and Development* 31.1 (2008): 92-106.

McCoy, Kathleen, E. Mark Cummings, and Patrick T. Davies. "Constructive and Destructive Marital Conflict, Emotional Security and Children's Prosocial Behavior." *Journal of Child Psychology and Psychiatry* 50.3 (2009): 270-79.

Graham, Alice M., Philip A. Fisher, and Jennifer H. Pfeifer. "What Sleeping Babies Hear: An FMRI Study of Interparental Conflict and Infants' Emotion Processing." *Psychological Science* 24.5 (2013): 782-89.

Rutter, Michael, and Edmund J. Sonuga-Barke. "X. Conclusions: Overview of Findings from the Era Study, Inferences, and Research Implication." *Monographs of the Society for Research in Child Development* 75.1 (2010): 212-29.

Consuela al recién nacido con lo que es familiar

Varendi, Heili, Kyllike Christensson, Richard H. Porter, and Jan Winberg. "Soothing Effect of Amniotic Fluid Smell in Newborn Infants." *Early Human Development* 51.1 (1998): 47-55.

Acurrucarse con el bebé

Feldman, Ruth, Zehava Rosenthal, and Arthur I. Eidelman. "Maternal-Preterm Skin-to-Skin Contact Enhances Child Physiologic Organization and Cognitive Control Across the First 10 Years of Life." *Biological Psychiatry* 75.1 (2014): 56-64.

Estar en sincronía

Serve-and-return interactions wire the brain: Center on the Developing Child, Harvard University, "Key Concepts: Serve and Return"

Matched interactions activate pleasure center in baby's brain: Reddy, Sumathi. "Wise Beyond Their Years: What Babies Really Know." *The Wall Street Journal*. 11 Feb. 2013.

Lag of less than 1 second: Feldman, Ruth, Romi Magori-Cohen, Giora Galili, Magi Singer, and Yoram Louzoun. "Mother and Infant Coordinate Heart Rhythms through Episodes of Interaction Synchrony." *Infant Behavior and Development* 34.4 (2011): 569-77.

Still Face Experiment (video): Dr. Ed Tronick. Perf. Dr. Ed Tronick. UMass Boston, 2009.

Bick, Johanna, and Mary Dozier. "The Effectiveness of an Attachment-based Intervention in Promoting Foster Mothers' Sensitivity toward Foster Infants." *Infant Mental Health Journal* 34.2 (2013).

Hablar

Habla en voz cantarina

Widdicombe, Lizzie. "Protect & Serve: Partners." *The New Yorker* 8 Oct. 2012: 38-40.

Habla un montón con tu bebé

University of Washington. News and Information. *While in Womb, Babies Begin Learning Language from Their Mothers. University of Washington.* 2 Jan. 2013. Web. washington.edu.

Stanford University. Stanford Report. *Talking Directly to Toddlers Strengthens Their Language Skills, Stanford Research Shows. Stanford.* 15 Oct. 2013. Web. stanford.edu.

LENA Research Foundation. *Get Accurate Information on Your Child's Language Development with LENA. LENA: Every Word Counts.* Web. lenababy.com.

Moon, Christine, Hugo Lagercrantz, and Patricia K. Kuhl. "Language Experienced in Utero Affects Vowel Perception after Birth: A Two-country Study." *Acta Paediatrica* 102.2 (2013): 156-60. http://ilabs.uw.edu/sites/default/files/2012%20Moon%20et%20al.pdf

Yardley, William. "Betty Hart Dies at 85; Studied Disparities in Children's Vocabulary Growth." *New York Times* 25 Oct. 2012.

Lean juntos

Wasik, Barbara A., and Mary Alice Bond. "Beyond the Pages of a Book: Interactive Book Reading and Language Development in Preschool Classrooms." *Journal of Educational Psychology* 93.2 (2001): 243-50.

Institute of Education Sciences. What Works Clearinghouse. Dialogic Reading. *What Works Clearinghouse.* Institute of Education Sciences, 8 Feb. 2007. Web. ies.ed.gov.

Zuckerman, Barry. "Promoting Early Literacy in Pediatric Practice: Twenty Years of Reach Out and Read." *Pediatrics* 124.6 (2009): 1660-1665.

Reading Rockets. *Dialogic Reading: An Effective Way to Read to Preschoolers. Reading Rockets.* WETA Public Broadcasting. Web. readingrockets.org.

"Dialogic Reading: How to Actively Involve Your Child in Reading." *Reach Out and Read.* Web. reachoutandread.org.

National Institutes of Health. NICHD Publications. *Findings and Determinations of the National Reading Panel by Topic Areas. Eunice Kennedy Shriver National Institute of Child Health and Human Development.* 31 Aug. 2006. Web. nichd.nih.gov.

Blevins, Wiley. "Teach With Phonics Skills Chart." *Scholastic.* Web. scholastic.com.

Cunningham, Anne E., and Keith E. Stanovich. "What Reading Does for the Mind." *Journal of Direct Instruction* 1.2 (2001): 137-49.

Kuo, Alice A., Todd M. Franke, Michael Regalado, and Neal Halfon. "Parent Report of Reading to Young Children." *Pediatrics* 113 (2004): 1944-1951.

Miller, Carolyn, Kathryn Zickuhr, Lee Rainie, and Kristen Purcell. "Parents, Children, Libraries, and Reading – Part 3: Parents and Reading to Children." *Pew Internet.* Pew Research Center, 1 May 2013. Web. libraries.pewinternet.org.

Di, "Trabajaste tan duro!"

Mueller, Claudia M., and Carol S. Dweck. "Praise for Intelligence Can Undermine Children's Motivation and Performance." *Journal of Personality and Social Psychology* 75.1 (1998): 33-52.

Donald, Brooke. "Babies Whose Efforts Are Praised Become More Motivated Kids, Say Stanford Researchers." *Stanford News.* 12 Feb. 2013. Web. news.stanford.edu.

Mueller, C.M., & Dweck, C.S. (1996, April). Implicit theories of intelligence: Relation of parental beliefs to children's expectations. Postersession presented at Head Start's Third National Research Conference, Washington, DC

"You Can Grow Your Intelligence" *Mindset Works.* Web. mindsetworks.com.

Dweck, Carol S. "Brainology: Transforming Students' Motivation to Learn." *Independent School Magazine* Winter 2008. Web. nais.org.

Enseña el lenguaje de señas

Thompson, Rachel H., Nicole M. Cotnoir-Bichelman, and Kelly A. Dancho. "Enhancing Early Communication through Infant Sign Training." *Journal of Applied Behavior Analysis* 40.1 (2007): 15-23.

Thompson, Rachel H., Paige M. McKerchar, and Kelly A. Dancho. "The Effects of Delayed Physical Prompts and Reinforcement on Infant Sign Language Acquisition." *Journal of Applied Behavior Analysis* 37.3 (2004): 379-83.

Normand, Matthew P., Mychal A. Machado, and Allison J. Morley. "Infant Sign Training and Functional Analysis." *Journal of Applied Behavior Analysis* 44.2 (2011): 305-14.

Barnes, Susan Kubic. "Sign Language With Babies: What Difference Does It Make?" *Dimensions of Early Childhood* 38.1 (2010): 21-30.

Daniels, Marilyn. "Happy Hands: The Effect of ASL on Hearing Children's Literacy." *Reading Research and Instruction* 44.1 (2004): 86-100.

Mohler, James L. *The Visual-Spatial System.* Purdue University. PDF.

Planifica citas de juego en un segundo idioma

Kuhl, Patricia K. "Early Language Learning and Literacy: Neuroscience Implications for Education." *Mind, Brain, and Education* 5.3 (2011): 128-42.

Kuhl, Patricia K., Feng-Ming Tsao, and Huei-Mei Liu. "Foreign-language Experience in Infancy: Effects of Short-term Exposure and Social Interaction on Phonetic Learning." *Proceedings of the National Academy of Sciences of the United States of America* 100.15 (2003): 9096-9101.

Bhattacharjee, Yudhijit. "Why Bilinguals Are Smarter." *New York Times.* 17 Mar. 2012. Web. nytimes.com.

The Linguistic Genius of Babies. Patricia Kuhl. *TEDxRainier.* TED Talks, Feb. 2011. Web. ted.com.

Grosjean, François. "What Parents Want to Know about Bilingualism." *The Bilingual Family Newsletter* 26.4 (2009): 1-6. *François Grosjean: Professor Emeritus.* Web. francois-grosjean.ch.

Meade, Stephanie. "Why OPOL Doesn't Always Work." *InCulture Parent: For Parents Raising Little Global Citizens.* N.p., 24 Apr. 2013. Web. incultureparent.com.

"From Linguist to Mum: Looking Back." *The Piri-Piri Lexicon.* 23 Apr. 2013. Web. thepiripirilexicon.com.

Dormir, comer y orinar

Proteje tu sueño

Callahan, Alice. "Why Sleep Matters to Babies and Parents." *Science of Mom: The Heart and Science of Parenting.* 13 Feb. 2012. Web. scienceofmom.com.

"Changes in Sleep with Age." *Healthy Sleep.* Division of Sleep Medicine at Harvard Medical School, 18 Dec. 2007. Web. healthysleep.med.harvard.edu.

McKenna, James J. "Cosleeping and Biological Imperatives: Why Human Babies Do Not and Should Not Sleep Alone." *Neuroantrhopology.* 21 Dec. 2008. Web. neuroanthropology.net.

Mindell, Jodi A., Lorena S. Telofski, Benjamin Wiegand, and Ellen S. Kurtz. "A Nightly Bedtime Routine: Impact on Sleep in Young Children and Maternal Mood." *Sleep.* 32.5 (2009): 599-606.

Ayuda al bebé a dormir mejor por la noche

Skuladottir, A., and M. Thome. "Changes in Infant Sleep Problems after a Family-centered Intervention." *Pediatric Nursing* 29.5 (2003): 375-78.

McKenna, James J. "Cosleeping and Biological Imperatives: Why Human Babies Do Not and Should Not Sleep Alone." *Neuroantrhopology.* 21 Dec. 2008. Web. neuroanthropology.net.

Dewar, Gwen. "Bed sharing with infants: Can it be done safely?" *Parenting Science.* parentingscience.com.

Gerard, Claudia M., Kathleen A. Harris, and Bradley T. Thach. "Spontaneous Arousals in Supine Infants While Swaddled and Unswaddled During Rapid Eye Movement and Quiet Sleep." *Pediatrics* 110.6 (2002).

Mindell, Jodi A., Lorena S. Telofski, Benjamin Wiegand, and Ellen S. Kurtz. "A Nightly Bedtime Routine: Impact on Sleep in Young Children and Maternal Mood." *Sleep.* 32.5 (2009): 599-606.

Llorando, por un tiempo, está bien

Price, Anna M.H., Melissa Wake, Obioha C. Ukoumunne, and Harriet Hiscock. "Five-Year Follow-up of Harms and Benefits of Behavioral Infant Sleep Intervention: Randomized Trial." *Pediatrics.* 9 Sept. 2012. Web.

Ferber, Richard. Solve Your Child's Sleep Problems: *The World's Bestselling Guide to Helping Your Child Sleep through the Night.* London: Vermilion, 2013.

Weissbluth, Marc. *Healthy Sleep Habits, Happy Child: A Step-by-step Program for a Good Night's Sleep.* New York: Ballantine, 2005.

Haz la hora de dormir menos loca

Benaroya, Melissa. "Is It Time For Your Family To Hit The Charts? (And We Are Not Talkin' Top 40)." *Grow Parenting: Cultivating Healthy Families.* 5 Mar. 2013. Web. growparenting.com.

Nelson, Jane, and Katie Clark. "Routines." *Positive Discipline.* 19 Oct. 2010. Web. positivediscipline.com.

Natkin, Sarina Behar. "Crazy Time: A Solution For Bedtimes Gone Wild." *Grow Parenting: Cultivating Healthy Families.* 8 June 2011. Web. growparenting.com

Relajate sobre la lactancia

Shute, Nancy. "To Succeed At Breast-Feeding, Most New Moms Could Use Help."*NPR.* 23 Sept. 2013.

Underwood, Tripp. "Can Breastfeeding for Longer Make a Child Smarter?" *Thriving – Child's Hospital Boston's Pediatric Health Blog.* 31 July 2013. childrenshospitalblog.org.

"Come alimentos. No demasiado. Sobre todo plantas."

Moss, Michael. "The Extraordinary Science of Addictive Junk Food." *New York Times.* 20 Feb. 2013.

Satter, Ellyn. "Eating Competence: Definition and Evidence for the Satter Eating Competence Model." *Journal of Nutrition Education and Behavior* 39.5 (2007): S142-153.

Wardle, J., M-L Herrera, L. Cooke, and E.L. Gibson. "Modifying Children's Food Preferences: The Effects of Exposure and Reward on Acceptance of an Unfamiliar Vegetable." *European Journal of Clinical Nutrition* 57 (2003): 341-348.

Blissett, Jacqueline, Carmel Bennett, Jessica Donohoe, Samantha Rogers, and Suzanne Higgs. "Predicting Successful Introduction of Novel Fruit to Preschool Children."*Journal of the Academy of Nutrition and Dietetics* 112.12 (2012): 1959-1967.

Vollrath, Margarete E., Serena Tonstad, Mary K. Rothbart, and Sarah E. Hampson. "Infant Temperament Is Associated with Potentially Obesogenic Diet at 18 Months." *International Journal of Pediatric Obesity* 6.2 (2011): 408-14.

"Farmers' Market Tips: Storing Fruits & Vegetables." *Ecology Center.* Web. ecologycenter.org.

Deja que el bebé decida cuánto comer

Satter, Ellyn. "Eating Competence: Definition and Evidence for the Satter Eating Competence Model." *Journal of Nutrition Education and Behavior* 39.5 (2007): S142-153.

Ofrece la oportunidad para ir al baño

Dewar, Gwen. "Infant toilet training: An evidence-based guide." *Parenting Science.* parentingscience.com.

Dewar, Gwen. "The science of toilet training: What research tells us about timing." *Parenting Science.* parentingscience.com.

Dewar, Gwen. "Toilet training in less than a day? An evidence-based review of 'fast-track' toilet training techniques." *Parenting Science.* parentingscience.com.

Moyer, Melinda Wenner. "Slate's Definitive Guide to Potty Training." *Slate.* 8 July 2013. Web. slate.com.

Shute, Nancy. "Why Toilet Training Can Trip Up Parents and Doctors." *National Public Radio.* 8 Aug. 2011. Web. npr.org.

Jugar

Cuando los niños arrebatan juguetes, espera y verás

Svetlova, Margarita, Sara R. Nichols, and Celia A. Brownell. "Toddlers' Prosocial Behavior: From Instrumental to Empathic to Altruistic Helping." *Child development* 81.6 (2010): 1814–1827. *PMC.* Web. 5 Dec. 2014.

Haz música con tu bebé

Gerry, David, Andrea Unrau, and Laurel J. Trainor. "Active Music Classes in Infancy Enhance Musical, Communicative and Social Development." *Developmental Science* 15.3 (2012): 398-407.

Hull, Kathryn B. "Why Teach Music?" *Music Teachers of the Desert.* California Association of Professional Music Teachers, 1999. Web. mtod.us.

Mehr, Samuel A., Adena Schachner, Rachel C. Katz, and Elizabeth S. Spelke. "Two Randomized Trials Provide No Consistent Evidence for Nonmusical Cognitive Benefits of Brief Preschool Music Enrichment." *PLoS ONE* 8.12 (2007).

Juega al autocontrol

Diamond, Adele, and Kathleen Lee. "Interventions Shown to Aid Executive Function Development in Children 4–12 Years Old." *Science* 333.6045 (2011): 959-64.

Tominey, Shauna L., and Megan M. McClelland. "Red Light, Purple Light: Findings From a Randomized Trial Using Circle Time Games to Improve Behavioral Self-Regulation in Preschool." *Early Education and Development* 22.3 (2011): 489-519.

Wanless, SB, MM McClelland, AC Acock, CC Ponitz, SH Son, X. Lan, FJ Morrison, JL Chen, FM Chen, K. Lee, M. Sung, and S. Li. "Measuring Behavioral Regulation in Four Societies." *Psychological Assessment* 23.2 (2011): 364-78.

Valiente, Carlos, Nancy Eisenberg, Rg Haugen, Tracy L. Spinrad, Claire Hofer, Jeffrey Liew, and Anne Kupfer. "Children's Effortful Control and Academic Achievement: Mediation Through Social Functioning." *Early Education and Development* 22.3 (2011): 411-33.

"Preschool Children Who Can Pay Attention More Likely to Finish College: Early Reading and Math Not Predictive of College Completion." *Science Daily.* 6 Aug. 2012. Web. sciencedaily.com.

Shute, Nancy. "For Kids, Self-Control Factors Into Future Success." *National Public Radio.* 11 Feb. 2011. Web. npr.org.

Bernier, Annie, Stephenie M. Carlson, and Natasha Whipple. "From External Regulation to Self-Regulation: Early Parenting Precursors of Young Children's Executive Functioning." *Child Development* 81.1 (2010): 326-39.

Aamodt, Sandra. "How Self-Control Develops." *Big Think.* N.p., 25 Mar. 2012. Web. bigthink.com.

Aamodt, Sandra, and Sam Wang. "Building Self-Control, the American Way." *New York Times.* 17 Feb. 2012. Web. nytimes.com.

Blair, Clancy, and Rachel Peters Razza. "Relating Effortful Control, Executive Function, and False Belief Understanding to Emerging Math and Literacy Ability in Kindergarten." *Child Development* 78.2 (2007): 647-63.

Bull, Rebecca, and Gala Scerif. "Executive Functioning as a Predictor of Children's Mathematics Ability: Inhibition, Switching, and Working Memory." *Developmental Neuropsychology* 19.3 (2001): 273-93.

Gathercole, Susan E., Claire Tiffany, Josie Briscoe, and Annabel Thorn. "Developmental

Consequences of Poor Phonological Short-term Memory Function in Childhood: A Longitudinal Study." *Journal of Child Psychology and Psychiatry* 46.6 (2005): 598-611.

Que hace una gran sala de juegos

Medina, John. "Brain Rules for Baby." Pear Press, 2010.

Fantasía

Diamond, Adele, W. Steven Barnett, Jessica Thomas, and Sarah Munro. "Preschool Program Improves Cognitive Control." *Science* 318.5855 (2007): 1387-388.

Willingham, Daniel. "Tools of the Mind: Promising Pre-k Curriculum Looking Less Promising." 27 Aug. 2012. Web. danielwillingham.com.

Paul, Annie Murphy. "In The Brilliant Report: Studies On Executive Function And Exercise." 11 Mar. 2013. Web. anniemurphypaul.com.

Cultiva la creatividad

Shaughnessy, Michael F. "An Interview with E. Paul Torrance: About Creativity." *Educational Psychology Review* 10.4 (1998): 441-52.

Azzam, Amy M. "Why Creativity Now? A Conversation with Sir Ken Robinson." *Educational Leadership* 67.1 (2009): 22-26.

Ogletree, Earl J. "The Comparative Status of the Creative Thinking Ability of Waldorf Education Students: A Survey." Sept. 1996. Web. thebee.se.

Pregunta "¿Por qué?" y "¿Qué pasa si?"

Dyer, Jeffrey H., Hal B. Gregerson, and Clayton M. Christensen. "The Innovator's DNA." *Harvard Business Review*. Dec. 2009. hbr.org.

Dyer, Jeff, and Hal Gregerson. "Learn How to Think Different(ly)." *Harvard Business Review Blog Network*. 27 Sept. 2011. Web. blogs.hbr.org.

Dyer, Jeffrey H., Hal B. Gregersen, and Clayton Christensen. "Entrepreneur Behaviors, Opportunity Recognition, and the Origins of Innovative Ventures." *Strategic Entrepreneurship Journal* 2.4 (2008): 317-38.

"Avoiding Ivy League Preschool Syndrome." *Mr. Money Mustache*. 12 Oct. 2011. Web. mrmoneymustache.com.

5 Dangerous Things You Should Let Your Kids Do. Perf. Gerver Tulley. *TED Talks*. Mar. 2007. Web. ted.com.

Conectar

Elije la empatía primero

The Gottman Institute. *Research FAQs*. Web. gottman.com.

Crea más altas que bajas

Gottman, John, and Nan Silver. "What Makes Marriage Work?" *Psychology Today*. 1 Mar. 1994. Web. psychologytoday.com.

The Gottman Institute. *Research FAQs*. Web. gottman.com.

Conoce a tu hijo

Van Den Boom, Dymphna C. "The Influence of Temperament and Mothering on Attachment and Exploration: An Experimental Manipulation of Sensitive Responsiveness among Lower-Class Mothers with Irritable Infants." *Child Development* 65.5 (1994): 1457-477.

Ollendick, Thomas H., and Ronald J. Prinz, eds. *Advances in Clinical Psychology*. Vol. 19. New York City: Plenum, 1977.

McClowery, Sandra Graham, Eileen T. Rodriguez, and Robyn Koslowitz. "Temperament-Based Intervention: Re-examining Goodness of Fit." *European Journal of Developmental Science* 2.1 (2008): 120-35.

"Tips on Temperament." *Zero to Three: National Center for Infants, Toddlers, and Families.* Web. zerotothree.org.

Realiza reuniones familiares semanales

Feiler, Bruce S. *The Secrets of Happy Families: Improve Your Mornings, Rethink Family Dinner, Fight Smarter, Go out and Play, and Much More.* New York, NY: William Morrow, 2013.

Deja tu teléfono

Boone, R. Thomas, and Joseph G. Cunningham. "Children's Decoding of Emotion in Expressive Body Movement: The Development of Cue Attunement." *Developmental Psychology* 34 (1998): 1007-016.

Liebal, Kristin, Malinda Carpenter, and Michael Tomasello. "Young Children's Understanding of Markedness in Non-verbal Communication." *Journal of Child Language* 38.4 (2011): 888-903.

(Casi) no televisión antes de los 2 años

"Media Use by Children Younger Than 2 Years." *Pediatrics* 128.5 (2011): 1040-1045.

Zimmerman, Frederick K., Dimitri A. Christakis, and Andrew N. Meltzoff. "Television and DVD/Video Viewing in Children Younger Than 2 Years." *Archives of Pediatrics & Adolescent Medicine* 161.5 (2007): 473-79.

Un poco de televisión después de 2 años de edad

"Council on Communications and Media: Children, Adolescents, and the Media."*Pediatrics* (2013). 28 Oct. 2013. Web.

Linebarger, Deborah L., and Dale Walker. "Infants' and Toddlers' Television Viewing and Language Outcomes." *American Behavioral Scientist* 48.5 (2005): 624-45.

Saint Louis, Catherine. "Certain Television Fare Can Help Ease Aggression in Young Children, Study Finds." *New York Times.* 18 Feb. 2013. Web. nytimes.com.

Shaw, Jonathan. "The Deadliest Sin." *Harvard Business Review.* Mar.-Apr. 2004. Web. hbr.org.

Rideout, Victoria, and Elizabeth Hamel. "The Media Family: Electronic Media in the Lives of Infants, Toddlers, Preschoolers, and Their Parents." *Kaiser Family Foundation.* May 2006. Web. kaiserfamilyfoundation.files.wordpress.com.

Parker-Pope, Tara. "TV Background Noise Disrupts Child Play." *New York Times.* 16 July 2008. Web. nytimes.com.

Schmidt, Marie Evans, Tiffany A. Pempek, Heather L. Kirkorian, Anne Frankenfield Lund, and Daniel R. Anderson. "The Effects of Background Television on the Toy Play Behavior of Very Young Children." *Child Development* 79.4 (2008): 1137-1151.

Ostrov, Jaime M., Douglas A. Gentile, and Adam D. Mullins. "Evaluating the Effect of Educational Media Exposure on Aggression in Early Childhood." *Journal of Applied Developmental Psychology* 34 (2012): 38-44.

Mendelsohn, A.L., C.A. Brockmeyer, B.P. Dreyer, A.H. Fierman, S. Berkule-Silberman, and S. Tomopoulos. "Do Verbal Interactions with Infants during Electronic Media Exposure Mitigate Adverse Impacts on Their Language Development as Toddlers?" *Infant and Child Development* 19 (2010): 577-93.

Mares, M.L., and E. Acosta. "Be Kind to Three-legged Dogs: Children's Literal Interpretations of TV's Moral Lessons." *Media Psychology* 11.3 (2008): 377-99.

"Television and the Under 3 Crowd: Making Good Decisions About "Screen Time" for Young Children." *Zero to Three: National Center for Infants, Toddlers, and Families.* 2009. Web. zerotothree.org.

Tandon, PS, C. Zhou, P. Lozano, and DA Christakis. "Preschoolers' Total Daily Screen Time at Home and by Type of Child Care." *Journal of Pediatrics* 158.2 (2011): 297-300.

Dennison, Barbara A., Theresa J. Russo, Patrick A. Burdick, and Paul L. Jenkins. "An Intervention to Reduce Television Viewing by Preschool Children." *Archives of Pediatrics & Adolescent Medicine* 158.2 (2004): 170-76.

Haz social el tiempo de pantalla

Worthen, Ben. "What Happens When Toddlers Zone Out With an IPad." *The Wall Street Journal.* 22 May 2012. Web. wsj.com.

Hu, Elise. "What You Need To Know About Babies, Toddlers And Screen Time." *National Public Radio.* 28 Oct. 2013. Web. npr.org.

"Council on Communications and Media: Children, Adolescents, and the Media." *Pediatrics* (2013). 28 Oct. 2013. Web.

Semeniuk, Ivan. "The murky distinction between educational and 'mindless' screen time." *The Globe and Mail.* N.p., 30 Aug. 2013. Web. theglobeandmail.com.

Almond, Steve. "My Kids Are Obsessed With Technology, and It's All My Fault." *New York Times.* 21 June 2013. Web. nytimes.com.

Shapiro, Jordan. "Why Playing Video Games Makes You a Better Dad." *Forbes.* 15 Nov. 2012. Web. forbes.com.

Degnan, Taryn. "How Touchscreens Are Changing the World for Kids." *Common Sense Media.* 9 May 2013. Web. commonsensemedia.org.

Shute, Nancy. "Kids Watch TV As Parents Do, Not As They Say." *National Public Radio.* 15 July 2013. Web. npr.org.

Painter, Kim. "Most Parents Not Worried about Children's Screen Time." *USA Today.* 4 June 2013. Web. usatoday.com.

"Parents' TV Viewing Habits Influence Kids' Screen Time." *American Academy of Pediatrics.* 15 July 2013. Web. aap.org.

Neyfakh, Leon. "Why You Can't Stop Checking Your Phone." *The Boston Globe.* 6 Oct. 2013. Web. bostonglobe.com.

Alienta los errores, las molestias y el aburrimiento

Carey, Benedict. "You're Bored, but Your Brain Is Tuned In." *New York Times.* 5 Aug. 2008. Web. nytimes.com.

Guiar

Sé firme pero cálido

Maccoby, Eleanor E. "Parenting and Its Effects on Children: On Reading and Misreading Behavior Genetics." *Annual Review of Psychology* 51 (2000): 1-27.

Dewar, Gwen. "Permissive parenting: A parenting science guide to the research." *Parenting Science.* parentingscience.com.

Baumrind, Diana. "The Influence of Parenting Style of Adolescent Competence and Substance Use." *The Journal of Early Adolescence* 11.1 (1991): 56-95.

Sigue cuatro reglas sobre reglas

Medina, John. "Brain Rules for Baby." Pear Press, 2010.

Pon nombre a las emociones intensas

Herbert, Cornelia, Anca Sfärlea, and Terry Blumenthal. "Your Emotion or Mine: Labeling Feelings Alters Emotional Face Perception—an ERP Study on Automatic and Intentional Affect Labeling." *Frontiers in Human Neuroscience* 7 (2013).

"Putting Feelings Into Words Produces Therapeutic Effects In The Brain." *Science Daily.* 22 June 2007. Web. sciencedaily.com.

Denham, S.A., and R. Burton. "A Social-emotional Intervention for At-risk 4-year-olds."- *Journal of School Psychology* 34.3 (1996): 225-45.

Domitrovich, C.E., R. Cortes, and M.T. Greenberg. "Preschool PATHS: Promoting Social and Emotional Competence in Young Children." Proc. of 6th National Head Start Research Conference, Washington, D.C.

Moore, B., and K. Beland. "Evaluation of Second Step, Preschool-kindergarten: A Violence Prevention Curriculum Kit." Proc. of Committee for Children, Seattle, Washington.

Webster-Stratton, C., and M. Hammond. "Treating Children with Early-onset Conduct Problems: A Comparison of Child and Parent Training Interventions." *Journal of Consulting and Clinical Psychology* 65.1 (1997): 93-109.

Di lo que

Blackard, Sandra R. "Say What You See for Parents and Teachers." Author, 2011.

Guía en lugar de castigar

Steinberg, Laurence. "Authoritative Parenting and Adolescent Adjustment Across Varied Ecological Niches." Presented at the Biennial Meeting of the Society for Research in Child Development (Kansas City, MO, April 1989). http://eric.ed.gov/?id=ED324558

Tangney, JP, P. Wagner, C. Fletcher, and R. Gramzow. "Shamed into Anger? The Relation of Shame and Guilt to Anger and Self-reported Aggression." *Journal of Personality and Social Psychology* 62.4 (1992): 669-75.

Natkin, Sarina Behar. "Help! My Preschooler Is Hitting!" *Grow Parenting: Cultivating Healthy Families.* 15 May 2012. Web. growparenting.com.

Bayer, Alicia. "Attachment Parenting 101: What Should I Do If My Child Talks Back?" *Examiner.* 17 Sept. 2010. Web. examiner.com.

"The Discipline of Squats." *Blue Cotton Memory.* 20 July 2009. Web. bluecottonmemory.wordpress.com.

Bronson, Po. "Learning to Lie." *New York Magazine.* 10 Feb. 2008. Web. nymag.com.

"Responding to Misbehavior." *Responsive Classroom.* Nov. 2011. Web. responsiveclassroom.org.

Kohlberg, L. "The Development of Children's Orientations toward a Moral Order." *Vita Humana* 6 (1963): 11-33.

Se exitosa con tus rutinas

Feiler, Bruce S. *The Secrets of Happy Families: Improve Your Mornings, Rethink Family Dinner, Fight Smarter, Go out and Play, and Much More.* New York, NY: William Morrow, 2013.

Señala un tiempo de calma, no un tiempo-fuera

Moyer, Melinda Wenner. "Are Timeouts Messing Up Your Kids?" Slate. 24 Apr. 2013. Web. slate.com.

Morawska, Alina, and Matthew Sanders. "Parental Use of Time Out Revisited: A Useful or Harmful Parenting Strategy?" *Journal of Child and Family Studies* 20.1 (2011): 1-8.

Erford, Bradley T. "A Modified Time-out Procedure for Children with Noncompliant or Defiant Behaviors." *Professional School Counseling* 2.3 (1999): 205-10.

Roberts, Mark W., Robert J. McMahon, Rex Forehand, and Lewis Humphreys. "The Effect of Parental Instruction-giving on Child Compliance." *Behavior Therapy* 9.5 (1978): 793-98.

Pregunta, "¿Puedes pensar en una mejor manera?"

Kamins, Melissa L., and Carol S. Dweck. "Person Versus Process Praise and Criticism: Implications for Contingent Self-Worth and Coping." *Developmental Psychology* 35.3 (1999): 835-47.

Mover

Mecer, menear y balancear

Eliot, Lise. *What's Going on in There?: How the Brain and Mind Develop in the First Five Years of Life.* New York, NY: Bantam, 1999.

Sigue moviendote

Shaw, Jonathan. "The Deadliest Sin." *Harvard Business Review.* Mar.-Apr. 2004. Web. hbr.org.

"Exercise: A Changing Perscription." *Harvard Business Review.* Mar.-Apr. 2004. Web. hbr.org.

Vlahos, James. "Is Sitting a Lethal Activity?" *New York Times.* 14 Apr. 2011. Web. nytimes.com.

Ananthaswamy, Anil. "Why Is Exercise Such a Chore?" *Slate.* N.p., 16 June 2013. Web. slate.com.

"Sitting Time Associated with Increased Risk of Chronic Diseases." *Kansas State University News and Editorial Services.* 18 Feb. 2013. Web. k-state.edu.

George, Emma S., Richard R. Rosenkranz, and Gregory S. Kolt. "Chronic Disease and Sitting Time in Middle-aged Australian Males: Findings from the 45 and Up Study." *International Journal of Behavioral Nutrition and Physical Activity* 10.20 (2013).

Dworley. "Fancy Ikea Treadmill Desk." *Instructables.* N.p., n.d. Web. instructables.com.

Ir más despacio

Sé tranquila

Bhanoo, Sindya N. "How Meditation May Change the Brain." *New York Times.* 28 Jan. 2011. Web. nytimes.com.

"Scientific Evidence That Transcendental Meditation Works." *David Lynch Foundation.* Web. davidlynchfoundation.org.

Hölzel, Britta K., James Carmody, Mark Vangel, Christina Congleton, Sita M. Yerramsetti, Tim Gard, and Sara W. Lazar. "Mindfulness Practice Leads to Increases in Regional Brain Gray Matter Density." *Psychiatry Research: Neuroimaging* 191.1 (2011): 36-43.

Hanc, John. "In Sitting Still, a Bench Press for the Brain." *New York Times.* N.p., 9 May 2012. Web. nytimes.com.

Lutz, A., J. Brefczynski-Lewis, T. Johnstone, and RJ Davidson. "Regulation of the Neural Circuitry of Emotion by Compassion Meditation: Effects of Meditative Expertise." PLoS ONE 26.3 (2008).

Blakeslee, Sandra. "Study Suggests Meditation Can Help Train Attention." *New York Times.* 8 May 2007. Web. nytimes.com.

Hoffman, Jan. "How Meditation Might Boost Your Test Scores." *New York Times.* 3 Apr. 2013. Web. nytimes.com.

Micucci, Dana. "International Education: Meditation Helps Students." *New York Times.* 15 Feb. 2005. Web. nytimes.com.

"University of Michigan study finds improved emotional development in early adolescent African American children practicing Transcendental Meditation." *David Lynch Foundation.* Web. davidlynchfoundation.org.

Encuentra tu propio equilibrio trabajo-familia

Wang, Wendy. "Mothers and Work: What's 'Ideal'?" *Pew Research Center.* 19 Aug. 2013. Web. pewresearch.org.

Parker, Kim, and Wendy Wang. "Modern Parenthood." *Pew Research Social & Demographic Trends.* 14 Mar. 2013. Web. pewsocialtrends.org.

Buchler, Cheryl, and Marion O'Brien. "Mothers' Part-Time Employment: Associations With Mother and Family Well-Being." *Journal of Family Psychology* 25.6 (2011): 895-906.

Recursos

Brain Rules for Baby

por John Medina

Cero a Cinco es el cómo, y *Brain Rules for Baby* es el por qué. Es una lectura interesante sobre la mejor manera de criar a un niño inteligente y feliz hasta los 5 años.

Obtenga más información
www.brainrules.net

Visita **zerotofive.net** y encontrarás:

- **Bonos solo para ti.** Obtenga videos, sugerencias de bonificación y más en **www.zerotofive.net/bonuses**

- **Órdenes a granel.** *Cero a Cinco* está utilizado por pediatras, visitantes domiciliarios, proveedores de cuidado infantil, defensores del aprendizaje temprano, educadores de padres, grupos de apoyo para padres y otros profesionales. Ve cómo: **www.zerotofive.net/connect**

- **Charlas y talleres.** Puedes contratarme para hablar con tu grupo. Ve temas en **www.zerotofive.net/speaking**

¡Dile a un amigo! Por favor, cuéntales a otros sobre este libro y ayuda a difundir el movimiento de padres positivos.